행복을 주고받는 집

행복을 주고받는 집

유상조 지음

지역사회권에서
주택정책의 희망을 보다

책을 펴내며

사람답게 사는 세상은 집에서 시작되어 집에서 완성된다. 하지만 오늘의 세상은 어떠한가?

몇 년 만에 부부 모임으로 힘들게 만난 벗들의 열띤 이야기 주제가 아파트 가격인 세상, 일 년 전에 전세로 들어올 것이 아니라 확 질러서 사버렸어야 하는데 억울하다는 세상, 집이 있는 사람은 집값이 떨어질까 봐 잠을 못 자고, 집이 없는 사람은 집값이 오를까 봐 잠을 못 자는 이 불면의 세상.

이렇듯 사람답게 살지 못하는 세상이 집에서 시작되어 집에서 완성되어 가고 있음에 주택 전공자로서 그 어떤 실마리도 찾지 못해 무기력함과 답답함이 극에 달하려는 즈음, 『마음을 연결하는 집: 더불어 사는 공동체, 지역사회권』을 만나게 되었다. 이 책의 저자 야마모토 리켄이 주창한 지역사회권주의를 통해 주택정책의 위상, 가치 그리고 완성된 집의 실현 가능성을 깨달을 수 있었다. 그동안 괴롭히던 무기력함이 봄눈 녹듯 사라지고 답답한 체증이 쏴악 내려가는 것을 느낄 수 있었다. 주택 전공자로서 모처럼 희망을 품게 되었고 새롭게 도전하려는 의욕이 생기게 된 것이다. 나는 이러한 희망과 도전을 주택에 진지한 관심이 있는 분들과 공유하고 싶다. 그리고 이 책에 응축되어 있는 주택정책에 관한 나의 투박한 철학이 더 견고해지기 전에 비판이라는 망치질이 필요함을 분명히 알고 있다. 기다릴 것이다. 그 어떤 비판이라도 침묵보다 낫다고 믿는다.

참고로 이 책은 박사학위논문 "행복주택단지의 지역사회권(Local Community Area) 형성요인에 관한 연구-구로천왕·서초내곡·송파삼전 행복주택 시범단지를 중심으로-"에서 문제의식을 가지고 다루었던 내용을 집에서

편안하게 읽을 수 있도록 재구성한 것이다. 거친 시도가
성공했기를 바란다.

집에서 가좌 행복주택을 바라보며

유상조 씀

일러두기

지역사회권(Local Community Area)

용어의 낯섦에 대해 독자분들의 이해를 구한다. 책을 읽으면 곧 알게 되겠지만 전혀 어려운 개념이 아니다. 처음으로 이 단어를 명명한 건축가 야마모토 리켄의 뜻을 기린다는 의미에서 그대로 사용하기로 한다.

집 그리고 주택

집과 주택은 뜻은 같지만 소리가 다르다. 따라서 각각의 문장에서 더 어울리는 단어를 쓰면 된다. 순수 우리말 집이 주는 소리의 감성이 외래어 주택의 그것을 능가하기에 집이라는 단어를 더 좋아하지만 나도 어쩔 수 없는 경우가 많다. 주택정책을 차마 집정책이라고 쓰지는 못한다.

선보 생각

　선보는 둘째 아들 지원을 사랑스럽게 부를 때 자연스레 터져 나오는 이름이자 나의 호이다. 순수한 어린 선보를 보며 때 묻은 어른 선보는 매번 부끄러움을 느낀다. 때를 미는 심정으로 선보 생각을 중간중간에 불쑥불쑥 넣었다. 독자들의 호흡을 방해하지 않기를 바란다.

목차

3부 　행복주택이 지역사회권을 만나면 · 87

1부

들어가며:
과연 누가 이 무거운
짐을 짊어질 것인가

역설

김익두

함께들 둘러앉아 같이 밥을 먹는다는 것,
단군 이래 우리나라 조선 사람들의,
가장 소중하고도 오래된
유산,

오늘도 나는 혼자 밥을 먹으며
우리나라 장래를
생각하고
있다.

인간은 사회적 동물이다. 혼자 존재할 수 없는 존재다. 개인으로서의 인간은 누군가로부터 도움을 받지 않으면 인간다운 삶을 살아갈 수 없는 불완전한 존재다. 전통사회에서는 주로 가족, 이웃으로부터 도움을 받았다. 근대화를 거치면서 가족의 역할은 축소되고 이웃의 역할은 미약해지면서 그 공백을 국가 등 공공 부문이 맡아왔다. 하지만 앞으로 이러한 역할 분담이 여전히 유효할 것인가에 대해서는 의문이 아닐 수 없다.

지역사회권(地域社會圈, Local Community Area)은 일본의 건축가 야마모토 리켄(山本理顯)이 2007년부터 4년간 요코하마 건축대학원에서 연구한 결과를 종합한 저서『지역사회권주의』(2012년)에서 사생활과 보안을 중시하는 전통적인 1가구 1주택 시스템의 붕괴에 대응해 새로운 주거양식으로서 제안한 것이다. 지역사회권은 전통적 주택 구조를 개방성과 유연성이 확보되는 구조로 변경함으로써 사람들의 의사결정 및 행태에 변화를 주고, 가족을 대신하는 중간체적 공동체의 형성을 통해 다양한 사회문제의 해결을 추구한다. 자율적인 중간조직 안에서 상부상조를 매개로 1가구 1주택을 대신할 수 있는 새로운 생활방식과 운영시스템에 관한 제안이다. 이러한 제안이 주택정책의 입장에서 더욱 매력적인 것은 새로운 주거양식을 통해 현대사회가 당면한 다양한 문제에 다분히 의도적인 대안을 제시하고 있다는 점이다.

　지역사회권의 시각으로 주택정책을 바라보는 것이 어떤 의미를 갖는지에 대한 논의를 위해서 대한민국이 처한 인구 및 가구구조의 변화를 먼저 살펴볼 필요가 있다. 우리나라는 저출산으로 인한 출생아 수의 감소와 보건·의료서비스의 질 향상에 힘입은 장수혁명(longevity revolution)으로 인해 고령인구 비율이 가파르게 상승할 것으로 예상된다. 문제는 고령자 증가의 파괴력이 단순히 연령별 인구구성의 양적 변화에서 멈추지 않는다는 점이다. 2017년 고령자 1명을 생산가능인구 5.3명이 부양했다면 2060년에는 고령자 1명을 생산가능인구 1.1명이 부양해야 할 것으로 예측된다.

　과연 누가 이 무거운 짐을 짊어질 것인가?

　가족, 국가, 이웃 등 세 가지 선택지에서 답을 찾아보자. 먼저 '가족'이 그 역할을 수행할 수 있을 것인가를 살펴볼 필요가 있다. 무엇보다 가족은 양적으로 왜소해지고 질적으로 해체과정을 밟고 있다. 1·2인 가구의 폭발적 증가로 인해 가구규모가 축소되고, 상호 의존적 관계를 통한 가족 간의 전통적 부양관계는 소원해지고 있다. 주택환경은 전통적 가족을 전제로 한 1가구 1주택

시스템의 붕괴를 촉발하고 있다. 1·2인 가구는 혼자 또는 부부 등이 스스로의 힘으로 살아가는 자주적 삶을 담보할 수 없을 것이고 부모, 형제 더 나아가 친인척 간의 단절을 초래할 것이다. 가족은 서로 돕는 존재에서 각자 자신의 삶을 살아가는 독립된 존재가 되어가고 있다. 가족 구성원은 각자 알아서 현실을 헤쳐 나가야 하는 원자적 단위가 된 것이다. 가족의 해체는 가족과 개인의 차별성을 줄인다. 가족이 사회조직의 최소 단위인 시대가 지나가고 있다. 개인이 곧 가구이자 가족인 사회에서 가족에게 의존한다는 것은 무리가 아닐 수 없다.

다음으로 '국가'는 그 짐을 짊어질 수 있을까? 불행히도 국가는 재정 여력을 상실해 가고 있다. 우리나라의 잠재성장률이 2000년대 이후 지속적으로 낮아지고 있는 추세임을 고려할 때 저성장은 피할 수 없는 현실이 될 것이다. 저성장은 세수감소를 초래할 것이고 주택을 포함한 사회 각 분야에 대한 공공 부문의 관여를 어렵게 만들 것이다. 총수입이 정체된 국가가 증가하는 공공 부문의 수요에 대응하기 위해서는 세율을 높이거나 채무를 져야 한다. 세율을 높이는 것과 국가채무의 증가를 통한 해결 방법이 초래하는 부정적 측면을 고려할 때 선택하기 어려운 방법이다. 앞으로 국가에 더 많은 것을 기대한다는 것은 현실적 방안이라고 보기 어렵다. 결국 국가는 지출규모를 줄이게 될 것이고, 그 피해는 국가의 지원을 예상하고 있던 세대가 짊어져야 할 것이다.

그렇다면 선택지에는 '이웃'밖에 남아 있지 않다. 이웃은 그동안 답안지의 선택지에서 아예 빠져 있었다. 우리는 가족, 친인척, 이웃이 한곳에서 어우러진 전통사회에서 이웃, 친인척, 가족 순으로 해체되어 온 근대화의 역사를 짧은 기간 동안 치열하게 경험해 왔다. 이제 이웃을 복원하는 것은 시대의 소명이다. 이웃의 복원은 지역공동체의 복원을 의미한다. 이것은 과거로의 회귀가 아니라 미래를 향한 힘찬 발걸음이다. 과거의 지역공동체가 세대에서 세대를 거쳐, 시간의 힘을 빌려 자연스럽게 형성되었다면 미래의 지역공동체는 분명한 의도를 가진 민간 및 공공 부문의 다양한 아이디어와 지원을 통해 소생할 수 있을 것이다. 분명한 점은 붕괴된 가족과 저성장의 늪에 빠진 국가로부터 사회안전망의 역할을 기대할 수 없는 우리들에게 지역공동체 형성은 되면 좋고 안 되면 할 수 없는 한가한 문제가 아니라는 것이다.

이 책의 1부에서는 지역사회권의 개념, 도입 필요성과 야마모토 리켄이 직접 설계한 LH강남3단지의 사례분석

등을 통해 지역공동체 소생의 구체적 방법을 지역사회권의 시각에서 살펴보고자 한다. 지역사회권은 이웃에게 희망을 건다. 그것은 막연한 추상적 기대가 아니다. 지역사회권은 주택환경의 변화를 받아들여야 하는 구체적 존재로서의 인간이 누구에게 의존하여 호락호락하지 않은 현실을 극복해 나갈 수 있는가라는 진중한 물음에 대한 답을 구체적으로 제시하고 있다.

2부에서는 '행복주택'을 지역사회권의 시각에서 관찰해 본다. 행복주택을 사례로 선정한 이유는 공공임대주택에서 행복주택이 가지고 있는 특성 및 위상 등을 고려한 것이다. 일반적으로 행복주택이란 신혼부부, 사회초년생, 대학생 등 젊은 층의 주거안정을 위해 대중교통이 편리하고 직주근접(직장·학교가 주거와 가까운 것)이 가능한 부지를 활용하여 주변시세보다 저렴하게 공급하는 공공임대주택을 의미한다. 행복주택의 취지는 주택시장에서 자력으로 주거안정을 도모할 수 없는 젊은이들에게 주거안정의 디딤돌과 주거사다리를 놓아주자는 것이다.

하지만 지역사회권의 시각에서 보면 행복주택의 주안점이 바뀌게 된다. 행복주택은 단순히 젊은 층만을 위한 주택이 아니라 고령자, 주거급여수급자를 포함하는 세대·계층 간 통합을 지향하고 있고, 단순히 대중교통의 편리성 측면에서의 직주근접이 아니라 실질적인 직주근접을 실현하고, 주민공동시설 및 지역편의시설 등을 통해 입주민 및 지역사회와의 교류를 전제로 하고 있는 새로운 유형의 공공임대주택이다.

행복주택에 대한 공공의 지원이 단순히 젊은 층에게 잠시 거주할 수 있는 공간을 저렴하게 공급하는 수준에 머물러서는 안 된다. 지역공동체 형성의 촉매제 역할을 함으로써 우리 사회가 안고 있는 다양한 문제의 해결에 행복주택이 모범을 보여주어야 한다.

그동안 공공임대주택 정책이 공급 물량의 확대에 주력함으로써 100만 호 이상의 공공임대주택을 공급하여 절대적 물량 부족에서 벗어나는 성과는 있었으나, 단지 및 인근 지역과의 공동체 형성을 위한 정책적 관심 및 배려는 찾아보기 힘들었다. 그러나 공공임대주택의 최신 유형인 행복주택은 세대혼합, 직주근접, 주민공동시설 및 지역편의시설 등 지역공동체 형성을 위한 정책적 고려를 담아 기존의 공공임대주택의 한계점을 보완하여 새로운 공공임대주택 정책의 방향성을 제시하고 있다. 행복주택의 지역사회권 형성을 분석하는 것은 행복주택사업이 양적 확대를 목적으로 하는 기존의 공공임대주택사업과 달리 지역사회와 연계된 지역공동체를 지향하는 새로운 주택사업으로서의 위상을 반영한 것이다. 우리는 행복주택의 지역사회권 형성요인을 확인하고 지역사회권 형성도를 높이기 위한 정책방안을 알아보게 될 것이다.

행복주택에 지역사회권 형성이 가능하다면 다른 공공임대주택에도 가능할 것이고, 결국 민간을 포함한 모든 공동주택에 가능한 것이다. 행복주택을 연구하는 것은 행복주택만을 연구하는 것이 아니라 우리나라 주택 전반을 연구하는 것이다.

◆ 선보 생각: '사회적' 동물

'사회적'은 '모여 산다'에서 출발하여 '관계를 맺는다'를 거쳐 '공동체 활동에 참여한다'로 마무리된다. 인간에게 이러한 과정이 자연스럽게 이루어지기에 인간은 그냥 동물에서 감히 사회적 동물로 격상된 것이다. 최근에는 이에 대한 반론이 등장하여 세력을 얻고 있다. 혼밥, 혼술은 우리 사회의 슬픈 자화상이 아니라 개인이 자신의 행복을 위해 선택한 것이므로 아무 문제가 없다는 것이다. 심지어 장려되어야 한다는, 귀를 의심하게 하는 말도 들린다. 삼겹살을 반드시 2명 이상이 모여 먹어야 하는 것은 아니지 않은가? 혼자 2인분을 시켜 놓고 맛있게 먹으면 그것으로 된 것 아니냐, 도대체 뭐가 이상하냐고 묻는 것이다. 듣고 보니 막상 대답하기 쉽지만은 않다. 하지만 문제는 미시가 아니라 거시에 있다. 개인의 행복이 모여 사회의 행복이 달성되지 않는다는 데 문제의 핵심이 있는 것이다. 안타깝게도 오늘날 우리가 하는 선택과 우리가 해야 하는 선택의 격차가 점점 커지고 있다.

선보가 묻는다.

"이런 상황에서 주택정책은 어떤 대안을 제시할 수 있을 것인가?"

2부

지역사회권에 대한 이해

1장

지역사회권이란 무엇인가

지역사회권의 개념 및 등장배경 등을 알아보기 위해서는 우선 공동체(Community)에 관한 논의를 살펴볼 필요가 있다. 지역사회권은 환경, 교통, 소방, 방재, 에너지 등 폭넓은 내용을 담고 있지만 핵심은 공동체에 관한 논의라고 할 수 있기 때문이다.

공동체를 뜻하는 'Community'는 라틴어 어원 커뮤니스(Communis)에서 유래한 것으로 커므(com)는 전부, 뮤니스(munis)는 봉사와 의무적인 이행을 의미한다. 의역하면 '사람들이 서로 배려하는 의식을 가지고 함께 생활하는 일정한 지역과 그곳 사람들의 집단, 즉 지역사회, 공동체'라고 할 수 있다.[1]

공동체의 개념은 과학철학자 갈리(W. B. Gallie)가 명명한 '본질적으로 경합의 대상이 되는 개념(essentially contested concept)'에 해당한다고 할 수 있다.[2] 따라서 사람, 시대, 지역에 따라 의견이 달라 아직 합의에 이른 정의는 없다.[3] 하지만 일반적으로 공동체란 개인이 아닌 우리를 강조함으로써 공동선을 함께 추구하는 집단,[4] 즉 상호 간의 의무에 기반을 둔 개인들의 모임 혹은 하나의 동일한 목표를 지향하기 위한 개인들의 모임을 의미한다.[5] 공동체에 대한 개념 규정이 다양함에도 불구하고 공동체 논의의 중점은 개인 간의 협력을 통해 홀로 충족시킬 수 없었던 필요를 충족하려는 움직임이라고 할 수 있다.

공동체에 관한 연구는 세 가지 경향으로 분류할 수 있다.[6]

첫째, 공동체를 동질성을 가진 소집단과 동일한 것으로 개념화하는 경향으로 종교공동체, 학문공동체, 시인공동체 등이 이에 해당한다.

둘째, 공동체를 타인과 일체가 되어 협동적 관계를 맺고자 하는 심성적·정신적 현상과의 관계를 의미하는 것으로 보아 대중사회의 특징인 소외, 심성적 단절, 비참여, 분절화 등과 대조적인 것으로 보는 경향이다.

셋째, 공동체를 지역과 결부된 조직체의 단위들을 의미하는 개념으로 정의하려는 경향이다. 이러한 연구경향을 볼 때 공동체의 유형은 크게 지역에 기반을 둔 공동체와 지역에 기반을 두지 않은 공동체로 나눌 수 있을 것이다. 이 책은 주택정책의 시각에서 지역에 기반을 둔 공동체를 논의의 중심에 둔다. 안정된 공동체는 지역공동체가 전제가 되어야 한다는 시각, 즉 지역공동체를 바탕으로 하면서 비지역적 공동체가 보완적으로 작용할 때 비로소 가능하다는 관점은 공동체 형성을 위한 주택정책의 논의에 힘을 실어준다.[7]

지역공동체는 동일한 지리적 경계를 기반으로 하여 상호 대면과 호혜적 협동을 통해 소속감·유대감 등과 같은 공동체 의식을 형성하고 있는 집단을 의미한다.[8] 지역공동체의 핵심적 구성요소는 지역주민 간의 사회적 교류, 지역사회 차원의 복지체계, 지역정체성, 지역주민의 주체적 실천, 지역사회의 공간디자인 등이다.[9] 현대사회의 지역공동체는 혈연·지연이 바탕이 된 전통 촌락공동체와 달리, 지역주민들이 개인의 문제를 공공의 문제로 의제화하고 이를 타개할 협동적 노력을 의도적으로 모색할 때 비로소 형성된다고 할 수 있다.[10]

지역공동체는 주민자치의 장이자 현대사회의 문제 해결방안으로 주목받고 있다. 주민들의 자발적 참여와 호혜적 협동을 통해 지역문제를 스스로 해결해 나가는 등

주민들이 주체적으로 지역사회를 관리하고 통치해 나가는 지방자치의 완성 그 자체로 볼 수 있다.[11]

또한 지역공동체의 사회적 가치 기능, 즉 구매력에 의해 운영되는 시장 또는 세금에 바탕을 둔 국가의 손이 미치지 못하는 중간지대에서 소외되고 배제된 사람들을 배려하는 기능이 발현될 수 있을 때 보다 건강하고 선진화된 사회가 될 수 있을 것이다.[12]

특히 우리나라의 경우 공동체 해체의 주된 이유로 간주된 아파트 등 공동주택이 공동체적 가치를 실현하는 장으로 발돋움할 수 있다면 주민들의 삶의 질 향상에 상당한 기여를 할 수 있다고 본다.

◆ 선보 생각: 지역공동체의 참뜻

> 지역공동체의 의미를 여기저기서 가져와 살펴보았다. 어지럽다. 이런 경우 요약(要約)이 보약(補藥)이다.
> - **심리적 의의**: 지역주민 간의 교류 → 소속감·유대감을 통한 안정감 증진
> - **정치적 의의**: 주민자치의 장 → 지방자치(풀뿌리 민주주의)의 완성
> - **사회적 의의**: 시장과 국가의 빈자리 → 지역사회 차원의 복지체계 마련

이제 지역사회권에 대해 보다 구체적으로 알아보도록 하자.

‘지역사회권’은 일본의 건축가 야마모토 리켄(山本理顕, Yamamoto Riken)이 사생활과 보안을 중시하는 전통적 1가구 1주택 시스템의 붕괴에 대한 대안으로 제안한 새로운 주거양식이다. 그는 인구구조와 사회상이 변화하는 상황에 관계와 일상을 반영하지 못하고 있던 기존의 주택들이 고착된 조건으로써 변화에 대응하지 못하고 있기 때문에 사회적 문제들이 발생한다고 보았다. 그는 그러한 문제의식에서 출발한 ‘어떻게 모여 살 것인가’에 대한 고민을 2007년부터 4년간 요코하마 건축대학원에서 이룬 수업과 연구를 통해 지역사회권의 개념으로 종합하고 『지역사회권주의』(2012년)라는 책으로 출간했다. 한국에는 『마음을 연결하는 집: 더불어 사는 공동체, 지역사회권』(이정환 번역, 안그라픽스, 2014년)으로 번역 출간되었다.[13]

하나의 주택에 하나의 가족이 생활한다는 1가구 1주택 시스템의 주택이 일반적으로 단독침실, 주방, 화장실의 자족적·폐쇄적 공간으로 이루어져 있다면 지역사회권의 집은 개방공간과 사적 침실로 구성되어 외부와의 협동이 용이한 구조이다. 개방공간은 외부를 향해 열려 있어서 지역주민들이 쉽게 섞일 수 있는데, 툇마루나 어린이 놀이터처럼 사용할 수 있고 사무실, 아틀리에 또는 가게를

차리거나 임대를 할 수도 있다. 화장실과 욕실, 작은 주방은 함께 사용하는 공간이며 이 공용공간의 확보는 간병, 간호, 복지, 에너지, 교통, 지역경제 등의 개념을 전면 재구성하는 토대가 된다.[14] 이러한 집이 모여 지역사회권을 형성하는 데 야마모토 리켄은 500명의 거주자를 행정서비스의 수용자 겸 자치조직의 단위로 보고 다양한 현대적 가치를 찾아내고자 했다.

지역사회권은 주택의 물적 구조를 사생활보호와 보안에 집착하면서 스스로를 고립시키는 전통적 구조에서 개방성과 유연성이 확보되는 구조로 변경함으로써 사람들의 의사결정 및 행태에 변화를 주고, 가족을 대신하는 중간체적 공동체의 형성을 통해 다양한 사회문제의 해결을 추구하는 구조이다. 자율적인 중간조직 안에서 상부상조를 통해 1가구 1주택을 대신할 수 있는 새로운 생활방식과 운영시스템에 관한 제안이다.

전통적 공동체는 지역적으로 한정된 범위에서, 평생을 같이 살아온 주민 간의, 한 가족과 같은 공동체의식 위에서 집단적 협업을 통해 형성된다. 하지만 주거의 이동성이 빈번한 현대사회에서 전통적 공동체의식을 기반으로 한 지역공동체 형성을 기대하는 것은 여러모로 힘들다.

지역사회권은 서로가 서로에게 대가를 지불하는 교환

적·경제적 관계에 바탕을 둔 사회적 관계망 형성을 중시한다. 주민 간의 사회적 관계는 단순히 주택단지 내의 문제를 넘어 우리 사회가 당면한 저성장, 저출산, 고령화, 에너지, 복지, 육아, 교통, 재정 등의 다양한 문제에 대한 해결방안의 실마리가 될 수 있다. 지역사회권은 주택이 주택이라는 범위를 넘어 다른 분야에서 드러난 문제까지 의욕적으로 해결하려는 시도다.

지역사회권의 등장은 무엇보다 가족의 해체에 따른 1가구 1주택 시스템의 붕괴에 기인한다. 1가구 1주택 시스템은 모든 사람이 가족구성원으로서 하나의 가족단위가 하나의 주택에 모여 사는 것을 전제로 하는 사회시스템이다. 1가구 1주택 시스템은 사생활과 보안을 강조하면서 밀실과 같은 주택을 양산하였고, 지역주민들의 상호작용을 통한 지역공동체 형성을 가로막아 왔다. 또한 가구 구성원 수의 급격한 감소 등으로 불거진 가족의 해체는 1가구 1주택 시스템의 현실적합성에 의문을 제기하게 하였다. 표준가족을 전제로 한 주택공급에서 벗어나 개인을 단위로 한 주택공급 방안을 구상할 필요성이 증대한 것이다.

그렇다고 지역사회권이 가족단위의 삶을 배제하는 것

은 아니다. 3장에서 다시 이야기하겠지만, 유닛의 확장을 통해 얼마든지 가족단위의 생활도 가능하다. 다만 가족단위의 생활을 당연한 전제로 한 주택공급의 문제점을 지적하고 있는 것이다. 또한 전통적 의미의 가족형태가 바람직하지 않다는 의미도 아니다. 현실적으로 이미 붕괴되어 되돌아간다는 것이 쉽지 않다는 점을 강조한 것이다. 필자는 붕괴의 요인에서 비교적 자유로운 사람들에게 가족의 울타리를 유지하는 삶을 국가가 도와주는 정책은 여전히 유효하다고 본다. 할아버지, 할머니, 손자, 손녀 등 3대가 어울려 오순도순 살아가는 것은 인간의 거주양식 중 가장 아름다운 모습이 아니겠는가.

일본의 경우 전후 1가구 1주택은 가족이 같이 사는 것을 전제로, 사회보장제도가 아닌 가족이 구성원을 돌보는 구조이며 동시에 주택소유의 장려를 통해 경제성장을 촉진시켜 왔다. 하지만 초고령사회로 접어들면서 기존에 가족이 맡아왔던 다양한 협력관계는 와해되었고, 막대한 비용으로 사회구성원을 돌보아야 하는 상황에 직면하게 되었다. 주택과 그 내부에서의 상부상조는 자기책임이고 그것을 지원하는 사회기반시설은 행정책임이라는 엄밀한 경계가 이제는 파탄 상태에 이르렀다.[15] 국가는 재정위기로 인해 복지서비스의 질이나 범위를 가능하면 축소하려고 한다. 가족의 해체시대에 과연 누가 가족을 대신할 수 있겠는가? 지금까지는 국가가 담당해야 한다는 전제 하에 시스템을 구성하였다. 하지만 현대사회에서 그 비용을 국가가 전담하는 것은 가능하지도 않고 바람직하지도 않다. 새로운 대안이 필요해진 것이다. 그것이 바로 지역사회권이다.

◆ **선보 생각: 대한 vs. 일본**

고령사회를 맞이하여 이러지도 저러지도 못하고 있는 일본의 모습을 보면 안쓰럽다. 하지만 더욱 안쓰러운 나라는 우리 대한민국이다. 일본이야 처음 가는 길이니 시행착오를 겪는 것은 어쩔 수 없지 않느냐고 핑계라도 댈 수 있다. 하지만 우리는 어떠한가? 바로 이웃 나라가 그 길이 고생길임을 눈앞에서 몸소 보여주고 있음에도 불구하고 자꾸 그리고 굳이 그 길로 들어서려 하고 있다. 이 얼마나 황당하고 한심한 일인가!

2장

왜 지금 지역사회권을 말하는가

지역사회권은 일본의 인구구조와 사회상의 변화에 기존의 주택시스템이 적절히 대응하지 못하고 있기 때문에 여러 사회문제들이 발생한다는 야마모토 리켄의 문제의식에서 출발한 것이다. 따라서 우리나라에 도입하기 위해서는 우리나라의 주택환경의 변화를 먼저 살펴볼 필요성이 있다. 이를 위해 우리나라 인구구조 및 가구구조의 변화와 이로 인한 사회적 부담의 가중 그리고 가중된 부담을 과연 국가, 가족 등이 짊어질 수 있는지를 검토해 보도록 하겠다.

1. 인구구조의 변화: 기댈 수 없는 국가

지역사회권의 시각으로 우리나라의 주택정책을 바라보는 것이 어떤 의미를 갖는지를 알아보기 위해서 우선 우리나라가 처한 인구구조의 변화를 살펴볼 필요가 있다. 아래 <표 2-1>에서 보듯이 우리나라는 2000년 65세 이상 인구가 총인구의 7% 이상을 차지하는 고령화사회(aging society), 2020년 65세 이상 인구가 총인구의 14% 이상을 차지하는 고령사회(aged society)를 지났다. 2020년대 중반에는 65세 이상 인구가 총인구의 20% 이상을 차지하는 초고령사회(post-aged society)에 진입하고, 2060년에는 고령인구가 43.9%에 이를 것으로 전망된다.

<표 2-1> 고령자 인구 추이

(단위: 천 명, %)

| | 추계 인구 | 65세 이상 | 비중 | 연령대별 인구 및 구성비 | | | | | |
				65-69세	구성비[1]	70-79세	구성비	80세 이상	구성비
1990	42,869	1,893	4.4	901	47.6	992	52.4	302	16.0
2000	47,008	3,395	7.2	1,381	40.7	1,530	45.1	483	14.2
2010	49,554	5,366	10.8	1,878	35.0	2,565	47.8	923	17.2
2017	51,362	7,066	13.8	2,287	32.4	3,251	46.0	1,528	21.6
2020	51,781	8,125	15.7	2,660	32.7	3,592	44.2	1,874	23.1
2030	51,927	12,980	25.0	4,094	31.5	5,908	45.5	2,977	22.9
2040	50,855	17,224	33.9	4,284	24.9	7,769	45.1	5,171	30.0
2050	47,745	19,007	39.8	3,848	20.2	7,701	40.5	7,457	39.2
2060	42,838	18,815	43.9	3,698	19.7	6,895	36.6	8,221	43.7

주)[1] 65세 이상 인구에 대한 구성비
* 출처: 통계청, 2019.3. "장래인구특별추계"

<표 2-2> 노년부양비 · 노령화지수 및 고령자 1명당 생산연령인구의 추이

(단위: 해당 인구 100명당 명, 명)

	노년부양비[1]		노령화지수[2]		고령자 1명당 생산연령인구[3]	
		증감[4]		증감		증감
1990	6.4	1.0	17.2	7.4	15.7	-2.9
2000	10.1	3.7	34.3	17.0	9.9	-5.8
2010	14.8	4.7	67.2	33.0	6.7	-3.2
2017	18.8	5.3	105.1	50.5	5.3	-2.1
2020	21.7	6.9	129.0	61.8	4.6	-2.1
2030	38.2	16.5	259.6	130.5	2.6	-2.0
2040	60.1	21.9	345.7	86.1	1.7	-1.0
2050	77.6	17.5	447.2	101.5	1.3	-0.4
2060	91.4	13.8	546.1	98.9	1.1	-0.2

주)[1] 노년부양비=(65세 이상 인구/15-64세 인구)×100
주)[2] 노령화지수=(65세 이상 인구/0-14세 인구)×100
주)[3] 고령자 1명당 생산연령인구=15-64세 인구/65세 이상 인구
주)[4] 10년 전과 비교
* 출처: 통계청, 2019.3. "장래인구특별추계"

저출산으로 인한 출생아 수 감소와 보건·의료서비스의 질 향상에 힘입은 장수혁명(longevity revolution)으로 인한 고령인구 비율의 증가는 피할 수 없는 현실로 다가오고 있다. 문제는 고령자의 증가가 단순히 연령별 인구구성의 양적 변화를 의미하는 데 멈추지 않는다는 점이다. <표 2-2>에서 보듯이 인구구성에서 고령자만 증가하는 우리의 미래 사회는 노년부양비와 노령화지수가 각각 증가하고 고령자 1인당 생산가능인구는 줄어들 것이다. 구체적으로 2017년 고령자 1명을 생산가능인구 5.3명이 부양해야 한다면 2060

년에는 고령자 1명을 생산가능인구 1.1명이 부양해야 할 것으로 예측된다.[16]

공공사회복지지출의 GDP 대비 비중을 살펴보면, 2018년 11.1%에서 2060년 28.6%로 2.6배 증가할 전망이다.[17]

<표 2-3> 공공사회복지지출의 GDP 대비 비중

(단위: %)

		'18년	'20년	'30년	'40년	'50년	'60년
공공사회복지지출		11.1	12.1	16.3	20.8	25.3	28.6
일반재정 분야[1]	지출 (구성비)	4.2 (37.8)	4.4 (36.1)	4.9 (29.8)	5.1 (24.3)	5.0 (19.8)	4.8 (16.9)
사회보험 분야[2]	지출 (구성비)	6.9 (62.2)	7.7 (63.9)	11.4 (70.2)	15.8 (75.7)	20.3 (80.2)	23.8 (83.1)

주)[1] 일반재정: 중앙·지방정부의 공공부조·사회보상 및 사회서비스
주)[2] 국민·공무원·군인·사학연금, 건강·장기요양·산재·고용보험

특히 공공사회복지지출 중 사회보험 지출을 살펴보면 사회보험 분야의 GDP 대비 비중은 2018년 6.9%에서 2060년 23.8%로 인구고령화, 연금제도 성숙 등으로 일반재정 분야보다 빠른 속도로 증가할 것으로 예상된다.[18]

그렇다면 국가는 인구구조의 변화로 일어나는 사회적 부담을 짊어질 수 있을 것인가?

우리나라의 잠재성장률을 고려할 때 전망이 밝지 못하다. 잠재성장률은 안정적인 물가수준을 유지하며 달성할

수 있는 최대의 성장률을 의미하므로, 잠재성장률의 하락은 향후 우리 경제의 실제성장률이 그만큼 낮아질 수 있음을 나타낸다. 저성장은 세수의 감소를 초래할 것이고 주택 등 공공의 지원이 필요한 분야에 대한 공공 부문의 적극적 역할을 기대하기 어렵게 만들 것이다. 우리나라의 잠재성장률은 2000년대 이후 지속적으로 낮아지고 있는 추세로 2015년 기준 3%대 초반일 것으로 추정되며, 일부에서는 이미 우리나라의 잠재성장률이 2%대에 진입했으며 2020년대 이후에는 1%대로 하락할 수 있다는 우려도 제기하고 있다.[19]

특히 향후에는 인구고령화의 급격한 진행과 더불어 생산가능인구의 감소가 예상됨에 따라 노동 측 요인의 잠재성장률 하방압력이 커질 것으로 보인다.[20] 이에 따른 저성장은 피할 수 없는 현실이 될 것이다.

2. 가구구조의 변화: 가족의 해체

가족이란 두 사람 이상의 남녀가 혼인으로 결합하여 자녀를 갖고 함께 협력해서 사는, 비교적 영속적인 사회적 단위다.[21] 우리가 앞으로 직면할 사회는 가구원수가 1인 또는 2인에 불과한 1·2인가구사회가 될 것이다.

2017년 기준으로 가구원수별 가구 비중을 살펴보면 1인 가구가 28.5%로 가장 높고, 2인 26.7%, 3인 21.3%, 4인 17.7% 순이나 2047년에 1인가구는 37.3%, 2인가구는 35%까지 증가하는 반면, 4인가구 비중은 7.0%까지 감소할 전망이다.

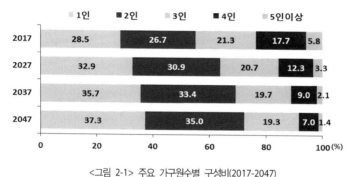

<그림 2-1> 주요 가구원수별 구성비(2017-2047)

* 출처: 통계청, 2019, "장래가구특별추계: 2017-2047"

전통적으로 가족은 부부와 그들의 미혼 자녀로 구성된 핵가족(nuclear family)과 한 가족 안에 2쌍 이상의 부부가 있거나, 3대 이상의 친족이 있는 확대가족으로 구분되어 왔다. 그러나 1·2인가구는 핵가족 또는 확대가족 어디에도 속하지 못하는 유형으로 개인이 곧 가구인 가족해체의 모습이라고 할 수 있다.

<그림 2-2>에서 보듯이 1인가구의 가구주 연령이 2017

년에는 30대 이하의 비중이 35.6%(198만 8천 가구)로 가장 높으나, 2047년에는 70대 이상의 비중이 40.5%(337만 2천 가구)로 가장 높아질 것으로 예상된다.

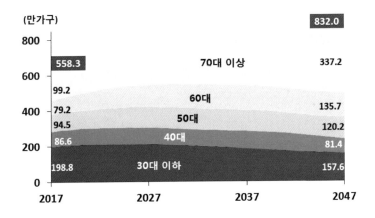

<그림 2-2> 1인가구 연령별 규모, 2017-2047

* 출처: 통계청, 2019, "장래가구특별추계: 2017-2047"

과연 고령가구주는 가족들의 도움으로 인간다운 삶을 살아갈 수 있을 것인가?

답은 회의적이다. 가족은 단순히 양적으로 해체된 것이 아니라 질적으로 가족 간 상호부조의 기능을 상실해 가고 있기 때문이다. 가족은 안에서 그리고 밖에서 무너지고 있다.

3. 지역사회권의 도입: 주택환경 변화에 대한 대응

우리에게 다가오고 있는 인구구조와 가구구조의 변화는 대한민국이 피할 수 없는 거대한 흐름이다. 머지않아 쓰나미(tsunami)처럼 우리 사회를 덮칠 것이다. 문제는 이로 인해 발생하는 사회의 막중한 부담을 국가나 가족이 짊어지기에는 너무 버겁다는 것이다.

물론 무거운 짐을 어느 한쪽이 전부 짊어져야 하는 것은 아니다. 가능하지도 않고 바람직하지도 않다. 서로 나누어 져야 한다. 문제는 그 분담 비중이다. 지역사회권은 이웃의 비중을 높여야 한다고 말한다. 그래야 가족도 살고, 국가도 살 수 있다고 말하고 있다.

지역사회권은 주택환경의 변화를 받아들여야 하는 구체적 존재로서의 인간이 누구에게 의존하여 호락호락하지 않은 현실을 극복해 나갈 수 있는가라는 진중한 물음에 대한 구체적 답을 제시하고 있다. 지역사회권은 그 답을 '이웃'에서 찾는다. 우리 사회가 당면한 주택환경의 변화는 지역사회권의 가치를 높이고 있고, 지역사회권 형성을 위한 우리의 노력을 촉구하고 있다.

◆ 선보 생각: 고령화·저출산 사회의 새로운 뜻

이제 고령화·저출산 사회를 새로운 시각으로 보아야 할 때가 왔다. 고령화 사회는 일하지 않는 노인을 위해 일하는 젊은이들이 지불하여야 하는 비용이 높은 사회라고 하겠다. 여기서 중요한 점은 노인 또는 젊은이라는 육체적 나이가 아니라 일하고 있느냐 아니냐이다. 일하지 않는 자, 일하려 하지 않는 자들이 문제이지 나이가 많고 적음은 문제의 핵심이 아니다. 일자리를 많이 만들어내는 것, 고령화 사회를 이겨내는 핵심 요소다.

저출산 사회는 아이를 적게 낳는 사회가 아니라 제대로 키우지 못하는 사회라고 하겠다. 머릿수가 많다고 나라가 부강해지는 시대는 지나갔다. 우리는 곧 인공지능(AI)이 웬만한 인간의 일을 척척 해내는 사회에서 살게 될 것이다. 따라서 인공지능이 쉽게 따라잡을 수 있는 어중간한 인간이 아니라 인공지능이 따라잡을 엄두도 내지 못하는 멋과 격을 갖춘 인간으로 키워내야 한다.

선보는 확신한다.

지역사회권이 고령화·저출산 사회의 게임 체인저가 될 수 있다고.

3장

어떻게 지역사회권을 구현할 것인가

1. 1가구 1주택 시스템과의 비교

야마모토 리켄은 지역사회권을 1가구 1주택 시스템을 대신할 수 있는 새로운 생활방식으로 보면서 다음과 같이 비교하고 있다.

<표 3-1> 1가구 1주택 시스템과 지역사회권의 비교

(1) 1가구 1주택이 표준가족을 전제로 공급되는 것이라면 지역사회권은 반드시 가족을 전제로 하지 않는다.

(2) 1가구 1주택이 사생활과 보안을 중심원칙으로 공급하는 데 반해 지역사회권에서는 그곳에서 생활하는 사람들 전체의 상호 관계를 중심원리로 삼는다.

(3) 1가구 1주택이 주변 환경, 주변 지역사회에 대한 무관심으로 성립되었다면 지역사회권은 주변 환경과 함께 계획된다.

(4) 1가구 1주택은 궁극적인 소비단위다. 그것을 전제로 국가적인 성장경제전략이 성립된다. 지역사회권은 단순한 소비단위가 아니다. 작은 경제권이 성립될 수 있게 계획된다.

(5) 1가구 1주택에 공급되는 에너지는 모두 외부로부터 온다. 따라서 주택은 단순히 에너지 소비단위에 해당한다. 지역사회권은 그곳에서 에너지를 생산하고 효율적으로 이용한다. 따라서 단순한 소비단위가 아니다.

(6) 교통기반시설은 1가구 1주택을 전제로 삼는다. 공공교통이나 자가용이 그것이다. 지역사회권에서는 그 중간적인 교통기반시설을 구축한다.

(7) 질병보험, 건강보험, 연금제도 같은 사회보장제도는 1가구 1주택의 자조적인 노력을 전제로 성립한다. 하지만 1가구 1주택의 붕괴와 함께 막대한 사회보장비용이 필요해졌다. 지역사회권에서는 그것을 보완할 수 있게 전체적인 상부상조를 생각한다.

(8) 지역사회권은 임대를 원칙으로 한다. 분양을 통해 민간주택업자가 이윤을 올리는 현재의 공급시스템은 근본적으로 잘못되었다. 그것은 주택정책이라는 이름을 빌린 경제정책이다.

(9) 분양맨션의 전용공간은 전체의 75~80% 정도다. 전용면적으로 가격이 결정되므로 가능하면 공용면적을 줄여 전용면적을 넓히려 한다. 지역사회권의 전용면적은 60% 정도다. 전용면적과 공용면적의 비율을 바꾼다. 그렇게 함으로써 전용면적과 공용면적이라는 의식 자체가 바뀐다.

(10) 1가구 1주택의 각 주택은 외부에 대해 매우 폐쇄적이다. 지역사회권의 주택에는 외부를 향한 개방공간을 마련한다.

* 출처: 야마모토 리켄 외, 2014, 앞의 책, 26-29쪽

<표 3-1>을 통해 지역사회권에 관한 야마모토 리켄의 뼈대가 되는 사고를 추출하여 그 시사점을 알아보면 다음과 같다.

첫째, 주택을 더 이상 경제성장을 위한 도구로 보지 않는다. 쾌적한 주택에서 생활하는 기본적 인권을 실현하기 위해 실제 건축공간이 어떤 모습을 갖추어야 하는

지를 중시한다.[22]

둘째, 지역사회권은 가족을 대신해 개인(개별 주민)의 역할을 중시한다. 지역사회권은 기존의 가족이라는 확고한 가구의 단위체에서 가족구조가 해체되고 개인이 강조되는 현재의 사회상에 더욱 효과적으로 작동할 수 있음을 주장한다. 기존의 공동주택이 1가구 1주택의 수평적·수직적 누적이었다면 지역사회권은 개개인의 콜라주(야마모토 리켄이 제시하는 것은 500명 정도의 규모)와 같은 것이다. 지역사회권은 가족의 규모가 줄어들수록 가족을 구성하는 것도 개인이고 지역사회를 구성하는 것도 개인임을 인지하고 있다. 결국 지역사회권에서 개별 주거의 구성과 주거의 집합을 구성하는 데 있어 개개인 간의 관계가 중요해진다.[23] 기존의 지역공동체이론은 가구 또는 가족 등 조직의 단위를 통해 공동체 형성에 다가가려 하지만 지역사회권에서는 조직의 단위가 아닌 개인을 중시한다.

셋째, 지역사회권은 주민들의 상호작용을 통한 상호관계의 망이 전제가 되어야 한다. 이러한 관계망 형성을 위해서 공용면적을 넓히고 기존의 폐쇄적인 주택구조, 즉 사생활 보호에 주력한 주택설계를 개방적인 주택구조로 바꾼다. 전용면적 위주의 폐쇄적 구조는 공간의 단절을 가져왔고 결국 주민 간 관계의 단절을 초래했다. 전용면적과 공용면적 비율의 전환은 소유의 시대에서 공유의 시대로의 패러다임 이동(Paradigm shift)이라는 현대사회의 요구를 공간에 반영한 것이라고 할 수 있다.

넷째, 경제사회 변화에 대해 개인이 제어 또는 통제할 수 없는 주택소유보다는 경제사회 변화에 보다 유연하게 대응할 수 있는 주택임대를 통한 거주를 강조한다. 소유의 해방이 보장해 주는 거주의 풍요로움을 구현하고자 한다.

◆ 선보 생각: 임대 vs. 분양

임대가 분양에 우선해야 한다. 분양은 주택정책을 일회성 정책으로 좁히는 데 반해 임대는 주택정책의 환경적응성을 높여준다. 신혼부부에게 분양을 하면 그 주택은 그 신혼부부의 것이 되고 말지만, 임대를 하면 그 주택은 그 신혼부부를 넘어 그 누구의 주택도 될 수 있다. 우리나라가 초고령사회가 되어 신혼부부 주택의 수요가 급감하고 노인주택의 수요가 급증했을 때를 상상해 보라. 또한 분양은 주택공급자에게 분양 후 관리운영 책임에서 자유롭게 해준다. 일종의 먹튀가 이루어진다. 결론적으로 분양은 현재와 선택받은 소수를 위한 정책이지만 임대는 미래와 선택받을 다수를 위한 정책이다.

선보가 묻는다.

"그럼에도 불구하고 어찌하여 대다수의 국민들은 임대보다는 분양을 선호하는가?"

다섯째, 개인 간의 상부상조라는 사회적 관계가 일회적 관계에서 멈추는 것이 아니라 최종적으로 작은 경제권을 형성해야 한다는 것이다. 지역사회권 안에서 소비와 생산이 이루어지는 하나의 경제권을 형성하여 현대사회가 당면한 복지, 환경, 에너지, 교통 등 다양한 문제의 해결을 시도하고 있다.

위의 논의를 종합해 보면, 주민 간의 교류 및 상호작용 → 상부상조를 통한 상호 관계망 형성 → 소비와 생산의 작은 경제권 형성이라는 지역사회권의 발전 단계를 상정해 볼 수 있다. 이러한 사고를 현실에서 어떻게 실현할 수 있는지에 관한 야마모토 리켄의 전략을 지역사회권의 프로토타입(Prototype)을 통해 살펴보도록 하겠다.

◆ **선보 생각: 주택독립 만세운동**

우리나라는 경제성장률이 최소한 2%는 되어야 하는 것으로 여기고 있는 듯하다. 2% 아래로 떨어지면 무슨 큰일이나 난 것처럼 난리다. 이런 국가적 위기상황(?)이 닥치면 주택정책을 맨 앞에 세우고 돌진한다. 우리는 이러한 어처구니없는 과정의 반복을 통해 집값을 안정시킬 수 있는 절호의 기회를 놓쳐 왔다. 주택정책의 나이테를 살펴보면 경제정책의 시녀로서 이리 치이고 저리 치이면서 한평생 한(恨) 많은 삶을 살아온 것이 마치 우리나라의 역사를 보는 듯 애처롭다. 주택정책의 독립은 시대의 요청이자 요구다. 이제 우리가 답해야 한다.

선보가 제안한다.

주택독립선언서를 작성하고 주택독립 만세운동을 벌이자!

2. 지역사회권의 프로토타입

(1) 조립식 주택과 용적임대

단순한 프레임과 패널을 조립·조합하는 방식을 통해 작은 침실공간에서부터 커다란 체육관공간까지 자유롭게 만들 수 있다. 이렇게 만들어진 유닛공간은 면적이 아닌 용적단위로 빌리기 때문에 같은 임대가격으로도 천장이 높은 집이나 바닥 면적이 넓은 집 등 다양한 형태의 집을 임대할 수 있게 된다. 예를 들어 이웃이 다른 집으로 이동했을 때 벽을 개방하는 방식으로 집을 확장하는 등 전용 부분인 집의 형태나 사용방법은 지금보다 더 다양해질 수 있는 것이다. 또한 2.4×2.4×2.6미터의 컨테이너 규격을 사용하여 대량생산을 통한 비용절감이 가능하고, 시공기간도 단축되며 거주자의 구성이나 이용방법의 변화에 유연하게 대응할 수 있다.[24] 이게 어떻게 가능하냐고 의문을 제기하는 분들은 아래의 3D 프린팅 주택에 관한 신문 기사를 읽어보기 바란다.

> 미국 뉴욕 맨해튼 중심부에서 동쪽으로 약 75마일(약 120㎞) 떨어진 뉴욕주 롱아일랜드에 있는 마을 캘버턴(Calverton). 지난 13일(현지시간) 차를 타고 약 2시간을 달려 이곳에 도착했다. 인구가 7000명인 한적한 이 마을을 찾은 이유는 지난 1월 3차원(3D) 프린팅으로 건설한 견본주택이 문을 열었다는 소식을 들어서다. 롱아일랜드 소재 3D 프린팅 건

축 전문 기업인 SQ4D라는 회사가 만든 주택이다. (중략)
　내부로 들어가 보니 일반 주택과 차이를 느낄 수 없었다. 벽면 일부가 시멘트를 적층(겹쳐 쌓음)한 것에서 3D 프린팅을 이용해 건축된 것임을 확인할 수 있을 뿐이다. 주택 일부 벽면은 이런 질감을 살려 뒀고, 내부 일부 벽면은 다시 마감해 말끔하게 처리돼 있었다.
　단층 구조인 이 주택 면적은 1700스퀘어피트(약 157.9㎡, 47.7평). 3 베드룸에 차량 2대를 주차할 수 있는 차고까지 별도로 포함돼 4·5인 가구가 살기에 전혀 부족함이 없어 보였다. 이 집을 짓는 데 순수하게 걸린 시간은 48시간. 8-9일 동안 작업을 진행했지만 준비 작업, 야간 시간을 제외하고 실제 3D 프린팅으로 건축에 들어간 시간은 48시간뿐이었다. 건물을 짓는 데 주로 쓰인 자재는 시멘트다. SQ4D는 주택 수명이 최소 50년 이상이라고 밝혔다.
　SQ4D 측은 "3D 프린팅을 이용하면 전통적인 공법보다 3배 이상 빠르게 집을 지을 수 있고, 건축 비용은 70% 절감할 수 있다"고 설명했다. 건축 과정에서 별도 단열 소재를 넣기 때문에 난방 시 효율이 높다고 강조했다. 인부 수십 명이 필요한 기존 건축과 달리 3D 프린팅 주택 건축 시 필요한 인부는 3명에 불과하다.
　SQ4D 측은 자동로봇 건축 시스템(ARCS) 3D 프린터는 6-8시간 내 현장에서 설치가 가능하다고 설명했다. 또 ARCS를 통해 공장이 아닌 현장에서 직접 주택 기초와 내·외부 벽체 등을 만든다고 밝혔다. 이 프린터는 헤어드라이어에 쓰이는 수준의 전기로 작동하기 때문에 환경 친화적이다.
　SQ4D는 미국 최초로 3D 프린팅 주택을 허가받고 첫 분양에 나섰다. SQ4D는 지난 9일 캘버턴 견본주택에서 5.4마일(8.7㎞) 떨어진 뉴욕주 리버헤드에 1호 3D 프린팅 집을 매물로 내놓았다. 아직 건축에 들어가지 않았지만, 48시간 내에 건축이 가능하기 때문에 가상 이미지를 우선 올렸다. 이 매물은 미국인이 부동산 거래 시 항상 참고하는 '질로'에 올라와 있다. 질로 매물 설명에는 '세계 최초 3D 프린팅 집을 팝니다. 역사의 한 부분을 소유하세요!'라고 돼 있었다. 매매 희망가는 29만 9999달러. 리얼터닷컴에 따르면 주변에서 같은 면적의 주택 평균 가격은 47만 8380달러다. 3D 프린터로 집을 지어 가격을 37% 낮춘 셈이다. 새집 프리미엄을 고려하면 주변 시세의 절반 가격이라고 현지 부동산 업계는 평가했다. 실제 건축비는 매매 희망가보다 훨씬 낮은 것으로 알려졌다. 질로는 이 집을 렌트할 경우 예상 월 렌트비를 1768달러로 추산했다.
　2018년 ICON이라는 회사가 텍사스주 오스틴에 노숙인 쉼터 목적으로 3D 프린팅 건물을 건설한 적이 있었다. 하지만 이는 판매용이 아니었고, 방 1개 크기의 매우 작은 구조물이었다. 3D 프린팅 주택이 주거용으로 허가받은 것은 이 주택이 미국에서 첫 번째다. 뉴욕주 당국의 까다로운 건축 심의를 통과했다. 3D 프린팅으로 만든 주택이 정식으로 부동산 시장에 나온 것은 이번이 처음이라고 미국 언론은 보도했다. (하략)
- 매일경제, 2021.02.16. "48평 집 이틀만에 뚝딱…
뉴욕은 반값주택 혁명중"

◆ **선보 생각: 3D 프린팅 주택**

이쯤 되면 오늘날 우리를 괴롭혀온 감당할 수 없는 수준의 주택가격 상승, 주택공급에 필요한 장기간의 기다림, 주택신축 시 발생하는 소음, 먼지 등으로 인한 처절한 민원 등 수많은 주택문제가 3D 프린팅 집을 통해 얼떨결에 해결될 수도 있을 것으로 보인다. 그런데 꼭 누군가는 이러한 흐름을 이러저러한 이유로 반대할 것 같다는 생각이 드는 것은 왜일까?

주택정책은 새로운 과학기술이 제 기량을 충분히 발휘할 수 있도록 법적·제도적 여건을 신속히 마련해 주어야 한다. 우리는 기술이 생각보다 앞서가는 사회를 살고 있다. 선보는 미래 주택이 어떤 모습을 하고 있을지 궁금해서 견딜 수가 없다.

(2) 탈전용주택화: 개방공간을 통한 일자리 창출

지역사회권의 집은 사생활이 보장된 침실과 외부를 향하여 유리창으로 공개된 개방공간으로 이루어진다. 지역사회권은 사생활과 보안을 중시하는 주택정책의 흐름을 비판하면서 굳게 닫힌 현관문을 유리문으로 대체하고, 사적공간의 일부를 공용공간으로 연다. 즉 공공성과 사생활 영역을 원활하게 접속시켜 지금까지는 존재하지 않앉던 공용공간을 창출하도록 하는 것이다.

침실과 개방공간을 얼마만큼 임대할 것인가는 개인의 취향에 따라 다르다. 침실 영역을 많이 빌려 사생활 보호를 중시하는 기존의 주택처럼 사용할 수 있고, 개방공간을 많이 임대해 가게, 사무실, 아틀리에, 툇마루, 아이들의 놀이장소 등으로 사용할 수도 있다.

지역사회권에서 개방공간을 주목하는 이유는 지역 내 일자리를 제공하는 창업의 장소가 될 수 있기 때문이다.

야마모토 리켄은 단순히 가족의 사생활을 지키거나 육아를 위한 주택이 아니라 그곳에서 일하고 상품을 만들고 판매하는 개방공간이 있는 주택, 즉 기존의 주거지역, 공업지역, 상업지역이라는 조닝(Zoning, 도시계획이나 건축설계에서 공간을 용도와 법적 규제에 따라 기능별로 나누어 배치하는 일)을 초월한 탈전용주택화를 주장한다. 주택이 단순히 소비의 진원지를 넘어 생산의 토대가 되어 작은 경제권을 실현할 수 있는 가능성을 열 수 있다는 것이다. 지역사회권에서 거주자는 일방적인 공급자와 수요자로 역할의 분담이 일어나지 않는다.

일반적으로 개인은 퇴직 후에 일방적으로 서비스를 받는 입장으로 전락하는데 지역사회권에서 개인은 서비스의 수용자이자 서비스의 담당자라는 이중 역할을 하게 된다. 간병서비스를 받는 노인이 다른 장소에서는 아이들의 놀이 상대가 되어 육아에 참여하는 등 서비스의 연계를 통한 주고받기가 가능하다. 개방공간은 개인의 취미나 특기를 다른 사람을 위해 활용할 수 있는 환경을 만들고, 재능기부를 통해 자아실현을 가능케 하는 공간이다.

지역 내 일자리는 시장과 공동체의 융합적 성격을 가지고 있다. 기존에 공동체 안에서 무상으로 제공되었던 서비스나 기술을 대가가 따르는 거래로 전환시킴으로써 지금까지 활용될 수 없었던 간단한 기술이나 지식, 경험을 발굴하여 경제적 가치를 부여하는 것이다.

개방공간을 일자리로 활용하는 방안은 무궁무진하다. 예를 들면 공부방, 놀이방, 해먹 대여상점, 핸드백 대여상점, 도서 대여점, 바, 라운지, 간이숙박업소, 심부름센터, 물품보관소, 육아 교실, 노인 교실, 태권도 교실, 유기농 야채 판매장, 애완견 관련 업소, 김밥집, 인생상담소, 옷수선, 음악감상실 등이 있을 것이다.

일반적으로 일을 하려면 기업이나 관청 등의 조직에 속하거나 창업자본의 준비 또는 특수한 기술을 갖추어야 하지만 지역사회권에서는 기존에는 활용할 수 없었던 기술, 취미, 재능 등을 직업으로 연결시킨다. 또한 지역사회권에서 일자리는 자유로운 시간을 활용하여 업무량을 조정할 수 있다. 예를 들어 유기농 야채를 자신의 농장에서 재배한 사람이 월요일에만 올라와 판매할 수 있다. 김밥도 주문 받은 양만 판매하는 방식을 활용할 수 있을 것이다. 그러면 직장에 매달려야 하는 노동에 종속되는 삶과는 달리 노동의 주체가 되는 삶이 열릴 수 있다.

◆ 선보 생각: 퇴직과 지역사회권적 일자리

국회에서 30년가량 근무한 선보가 퇴직을 한 후 경제사정이 어려운 가정의 학생들을 위해 사회, 국사 등을 가르치는 공부방을 열었다고 하자. 선보가 대치동 학원 선생보다 잘 가르칠 수는 없을 것이나 여러 여건으로 대치동 학원에 갈 수 없는 아이들에게 저렴한 수업료(부모들이 감당할 수 있는 정도의 수업료로 반드시 현금일 필요도 없다)로 최선을 다해 가르친다면 선보와 지역사회에는 어떤 변화가 일어날까?

1. 퇴직의 의미: 한 인간으로서의 삶은 자신이 거주하는 지역사회와 이런저런 연(緣)을 맺어가는 것이다. 퇴직을 하면 직장에서 대부분의 시간을 보내는 삶에서 드디어 자신이 살아가는 동네에서 보내는 시간이 더 많은 삶으로 돌아오게 된다. 지역사회 구성원으로서 지역사회의 일에 관심을 가지고 참여하는 것은 인간으로서의 권리이자 의무다. 퇴직은 권리를 행사하고 의무를 이행할 수 있도록 여건을 마련해 준다.

2. 노동의 의미: 선보가 일주일 내내 가르치는 것은 아니다. 자신의 다른 활동(강의, 여행, 글쓰기 등등)을 해 나가면서 스승의 역할을 하는 것이다. 즉, 노동으로부터 해방되어 노동의 주체가 되어 노동을 하는 것이다. 선보는 수요일 오후에 공부방을 열 계획을 가지고 있다.

3. 수입: 직장 생활을 할 때와 동일한 수입이 있어야 한다고 생각한다면 그것은 지나친 욕심이다. 시장에서 가격이 매겨지지 않았던 재능이나

서비스를 서로 주고받는 것이다. 거기에는 노동의 대가를 넘어 봉사, 해방, 자아실현 등 돈으로 매길 수 없는 가치가 들어가 있는 것이다.

4. 지역사회: 전직 교사 중에서 선보와 뜻을 같이하고 싶은 분들이 늘어나서 1년이 지난 때쯤 공부방에는 국어, 영어, 수학 등을 배우기 위해 학생들이 모여들었다. 5년 후 학생들의 성적이 쑥쑥 올라가고 대학 진학률이 전국에서 1등이다. 선보가 공부방을 떠나는 제자들에게 이렇게 말한다.

"내가 이루지 못한 꿈은 너희들을 통해 끊임없이 실현될 것이다."

(3) 시설공유: 전용과 공용 비율의 조정

지역사회권은 가능하면 전용면적을 줄이고 공용면적을 넓힌다. 야마모토 리켄은 기존 맨션의 전용과 공용의 비율이 '80-85% : 20-15%'였다면 지역사회권에서는 '30-40% : 60-70%'라고 한다. 주택을 작은 전용 부분과 그것을 보완하는 커다란 공용 부분으로 구성한다. 화장실, 욕실, 작은 주방은 함께 사용한다. 화장실, 욕실을 넓게 만들어도 1가구 1주택 안에 한 개씩 만드는 것보다 훨씬 효율성이 좋다. 기존의 주택은 각각의 내부에 생활에 필요한 설비나 비품을 갖추었지만 지역사회권에서는 그것들을 공유함으로써 새로운 생활방식과 풍요로움이 탄생할 수 있다. 이러한 시설공유는 기존의 주거에서 전용면적에 편입되었던 시설들을 공용면적으로 이동시켜 전용공간의 활용도를 높이는 한편 공용공간으로 이동한 시설들을 이용하면서 항상 관계를 맺을 수 있는 단초를 제공한다.[25]

아래의 <표 3-2>는 시설공유를 위한 그룹의 크기와 이에 따른 시설의 종류를 범주화한 것이다. 가족의 구성원 수가 기본그룹(5-7인)에 해당한다면 작은 주방, 화장실, 욕실 등 공유시설을 전용시설처럼 사용할 수 있을 것이다.

<표 3-2> 시설공유를 위한 그룹의 분류

그룹의 유형	규모	공유시설의 유형
기본그룹(S)	5-7인	작은 주방, 화장실, 욕실
가정용연료 그룹(M)	30-45인	태양광발전, 태양열 이용
생활기반시설 그룹(L)	120-150인	식당+주방, 목욕, 세탁, 공동수납, 병합발전기
생활편의시설 그룹(XL)	500인	24시간 생활스테이션, 편의점, 간병과 육아 공간

* 출처: 마음을 연결하는 집, 60-61쪽(재구성)

시설을 공유한다면 과연 어떤 일이 벌어질까? 보다 구체적으로 주방을 공유한다면, 화장실을 공유한다면, 욕실을 공유한다면? 엄청난 불편함을 이겨내고 우리가 아직껏 경험해 본 적이 없는 공유의 유토피아에 도달할 수 있을까? 물론 그곳에 도달하기 위해서는 수많은 갈등의 파고를 넘어서야 할 것이다. 하지만 그곳이 그리 멀리 떨어져 있지 않을 수도 있다. 입주자들이 이미 시설공유를 전제로 한 주택에 입주하는 것을 알고 선택한 것이기 때문이다. 스스로 시설공유에 적합한 성향을 가지고 있다고 생각하는 입주자들이 공유의 기본 틀이 만들어진 공간에서 서로 부딪혀 가며 즐겁게 지역사회권을 형성해 나갈 것이다.

(4) 상부상조를 통한 공공서비스 등 제공

지역사회권은 상부상조하는 마을 같은 것이라고 표현되기도 한다. 『마음을 연결하는 집』의 추천사를 쓴 조한혜정에 따르면 그것은 우호적인 사람들이 스스로 도우면서 서로를 지켜주는 체제이며 고도의 잠금장치가 아니라 집의 빗장을 풀고 협동하는 장치로 움직이는 체제다. 역시 책의 추천사를 쓴 이은경에 따르면 지역사회권은 근대 이전 상부상조의 공동체로 회귀하자는 제안이라기보다 새로운 경제적 시스템에 바탕을 둔 공유주택시스템에 대한 제안이다. 미래사회에 벌어질 삶의 변화에 대응할 수 있는 유연한 지역공동체의 형식과 그에 따른 주거양식에 대한 제안이다.

자기희생적이 아니라 상호 교환적인 상부상조의 시스템이 중요한 이유는 고령자 간병, 육아 지원 등과 같은 복지서비스를 비롯해 다양한 공공서비스를 효율적으로 제공할 수 있기 때문이다. 특히 세분화되어 있는 현재의 공공사업을 통합하는 방식으로 보다 효율적인 서비스 제공이 가능하다. 또한 지역사회권에서는 공동체에 의한 감시기능 강화, 독신자에 대한 지원, 노인 간병 등 기존의 공공사업에서는 충분히 대처할 수 없었던 서비스를 제공할 수 있다. 지역사회권이 새로운 공공서비스 담당자의 역할을 맡음으로써 정부나 지방자치단체의 재정지출을 억제하는 데 기여할 수 있다. 야마모토 리켄은 구체적으로 생활지원이나 환경정비에 들어가는 행정비용 삭감액을 계산하여 공용대지를 정기임대하고 건설자금의 3분의 1을 공적자금으로 충당하는 사업모델의 가능성을 보여주고 있다.

생활문제를 상담하는 장소, 간병설비, 탁아설비, 진료실, 편의점, 카페 등으로 이루어진 생활편의시설은 이러한 상부상조 시스템의 중심에 있다. 이곳에서 고령자 간병, 육아 지원, 장애인 지원 같은 서비스를 제공함으로써 기존에는 수평적 관계가 희박했던 복지서비스를 융합해 새로운 가치를 창출하게 된다. 지역사회권은 국민에게 부담을 증가시키거나 서비스를 제외·축소하는 방식이 아니라 지역에서 서로가 서로를 돕는 시스템에 관한 제안이다. 이 모든 것이 한 장소에 있어 필요한 서비스를 효율적이고 세밀하게 제공할 수 있으며, 행정부나 이용자의 부담도 줄어든다.[26] 국가에 의존하는 수동적 삶이 아니라 서로가 서로를 도와주는 능동적 삶이 가능하게 되는 것이다.

(5) 공동이동수단: 중간적인 교통기반시설의 확충

공동이동수단(CV: Community Vehicle)은 지역사회권 고유의 중간적 이동수단이다. 좁은 도로까지 자동차가 진입하는 교통체계는 위험할 뿐만 아니라 비효율적이다. 장거리나 중거리 이동은 전철이나 버스 등 대중교통을 이용하고 자동차는 주민들이 함께 사용함으로써 유지관리비용이나 주차장을 줄일 수 있다. 또한 CV는 자전거나 전동휠체어보다 적재능력이 좋고 폭이 좁은 길이나 건물 안에도 진입할 수 있다. 지역 내부에는 CV전용도로와 CV배터리를 교환할 수 있는 기반시설을 정비하고 주변으로까지 CV기반시설을 정비해 지역사회권 내부뿐만 아니라 주변을 포함한 시가지역 일대를 지역사회권의 환경으로 바꿀 수 있다. 이동거리나 용도에 맞는 세밀한 교통기반시설을 정비하면 생활방식 자체를 바꿀 수 있다.[27]

1. 자율주행차, 날아다니는 차(Flying Car) 등 교통 분야의 혁신 속도는 주택 분야를 능가한다. 도로에서 버리는 시간을 생각하면 얼른 미래형 혁신 자동차가 나오기를 바라다가도 어떤 때는 이러다가 운전도 할 줄 모르는 인간으로 전락하는 것은 아닌지, 저 많은 도로들은 무용지물이 되는 것은 아닌지 걱정 아닌 걱정이 들기도 한다.

2. 자동차가 집 앞까지 들이닥치는 현행 교통체계를 지역사회권의 시각에서 생각해 보자. 선보는 골목길을 없앤 주범이 자동차라고 생각한다. 지역공동체의 실핏줄 같은 소중한 골목길을 사라지게 한 주범인 자동차를 이제 지역공동체의 소생을 위해 활용할 수 있어야 한다. 그 시작은 자동차 같이 타기(Car Pool)가 아닐까 생각해 본다.

3. 신도시를 건설하는 과정을 살펴보자. 땅 주인에게 돈을 주고 산 멀쩡한 땅을 파헤친다. 나이가 한창인 건물의 생을 가차 없이 마감시킨다. 그 위에 다시 뭔가 크고 대단한 것(알고 보면 허깨비 같은 경우가 많다)을 짓는다. 누군가는 돈을 벌어 그곳을 떠나고 누군가는 돈을 들고 그곳으로 들어온다. 거기에 천문학적 돈으로 도로, 지하철 등을 건설하여 서울과 같은 대도시와 연결한다. 선보는 이런 돈을 주민들이 오순도순 재미나게 살 수 있는 여건을 마련해 주는 지역사회권 형성을 위해 써야 한다고 생각한다. 이런 파괴 후 건설 행위들은 공간에 그리고 역사에 죄를 짓는 행위가 아닌가 뒤돌아본다.

(6) 에너지의 생산 및 효율적 이용

지역사회권은 직접 에너지를 생산하고 가능한 자연에너지를 사용한다. 기존 시스템은 이용하지 않는 폐열(송전 송실 5%) 등을 고려하면 40%밖에 사용하지 못하는 시스템이라고 한다. 지역사회권은 지역발전시스템으로 만들어진 전력, 폐열회수시스템과 태양열온수기로 이용할

수 있는 열에너지를 활용하여 소비에너지의 83%를 담당
하고, 나머지 17%는 풍력, 수력, 지열 등 장소의 특색을
살린 다양한 대체에너지로 발전한 전기를 구입한다. 집들
이 모여 있으면 에너지 생산자와 소비자가 가까워져 폐
열에너지를 효율적으로 이용할 수 있다는 것이다.

또한 통풍이 잘되는 환경을 만들고 여름에 내리쬐는
직사광선을 피하며 건물의 단열성을 높여 에너지 소비를
줄인다. 나무를 심거나 상층부의 압력 차이를 이용해 바
람을 끌어 올리는 방법으로 시원한 바람을 적극적으로
유도하고, 각 층에는 충분한 외부 테라스를 설치하여 1
층에도 충분한 채광과 통풍이 확보되도록 한다. 컨테이
너 규격의 큐브를 입체적으로 조합시켜 다공질건축을 시
행할 수도 있다. 지역사회권은 장소의 특성을 적극적으
로 고려하여 밀도는 높아도 쾌적한 주거환경을 위한 제
안이다.[28]

◆ **선보 생각: 주택과 환경**

'제로 에너지 하우스(Zero Energy House)'는 에너지 소비량이 최종적
으로 0(zero)이 되는 집으로 다음의 두 가지 유형으로 나뉜다. 하나는 액
티브(Active) 하우스로 태양열, 풍력, 지열 등의 자연에너지를 이용하는 집
이고, 둘은 패시브(Passive) 하우스로 건물의 단열 및 형태를 최대한 활용
하여 에너지 손실을 최소화한 집이다. 지역사회권은 제로 에너지 하우스와
같은 길을 간다. 주택(정책)과 환경(정책)은 긴밀한 관계를 가지고 있다. 보
일러와 미세먼지에 관한 아래의 신문 기사를 통해 양자의 관계를 한 번 더

생각해 보자.

주택에 친환경보일러 설치를 강제하는 법안이 13일 국회 본회의를 통과했다. 법안에 따르면 내년 3월부터 대기관리권역 내에서는 환경표지인 증기준을 충족한 친환경보일러만 공급하거나 판매할 수 있게 됐다. 이에 따라 앞으로 노후 보일러 교체나 건물 신축 시에는 친환경보일러 설치가 의무화되어 보급에 상당한 탄력이 붙을 것으로 보인다.

친환경보일러는 콘덴싱 방식의 보일러를 지칭한다. 콘덴싱 기술은 보일러에서 방출되는 배기가스에 포함된 수증기가 물로 응축되는 과정에서 발생하는 잠열을 흡수해 난방·온수에 재활용하는 기술이다. (중략) 콘덴싱보일러는 일반 가스보일러에 비해 난방효율이 높아 난방비가 대폭 절감되고 배기가스에 포함된 초미세먼지 유발 물질의 발생량이 70% 이상 낮다. 일반 가정용 저녹스 보일러는 질소산화물이 173ppm인 데 비해 친환경콘덴싱보일러는 20ppm으로 질소산화물 배출이 1/8에 불과하다. 또한 열효율이 92%로 일반보일러(80%)에 비해 높다.

서울의 경우 초미세먼지 발생에서 가장 큰 비중을 차지하는 부문은 난방·발전(39%)으로 자동차(25%)보다 크다. 이 중에서도 가정용 보일러가 차지하는 비율이 절반에 가까운 46%를 차지한다. 가정용 보일러를 친환경콘덴싱으로 교체하는 것이 절실한 이유다.

서울시는 "현재 서울 가정용 보일러의 80%를 차지하는 일반 보일러는 말이 '일반'이지 사실상 '공해' 보일러"라며 "가정용 보일러를 친환경 보일러로 교체하면 과거 연탄을 도시가스로 교체하면서 일어난 대기질 개선 변화와 같은 혁명적인 효과가 기대된다"고 밝혔다. 또한 "미세먼지가 재난 수준으로 심각하다면서 정작 그 원인이 되는 일반 보일러는 잘 교체하지 않으려 한다"며 "친환경 보일러 의무화와 함께 정부가 각종 지원책을 확대하고, 시민들도 난방비가 매년 적게 나온다는 점을 생각해 친환경 보일러 교체를 서둘러야 한다"고 강조했다.

서울시는 이어 "노후 차량 운행 단속과 함께 당장 할 수 있는 게 친환경 보일러 의무화"라며 "4-5년에 걸쳐 가정용 일반 보일러가 친환경 보일러로 모두 교체된다면 국내 미세먼지 요인 중 주요 원인이 크게 개선되는 것"이라고 덧붙였다.

　　- 파이낸셜뉴스, 2019.3.14. "정부, 미세먼지 해결사는 '콘덴싱보일러'… 내년 3월부터 설치 의무화"

3. 종합: 지역사회권 구현원리의 현실적합성

지역사회권은 전통적인 1가구 1주택 시스템의 폐쇄적·자족적 공간구성을 개방적·공유적 공간으로 재구성하는 것을 핵심으로 한다. 개방공간은 단순히 사적공간의 개방을 넘어 일자리를 창출하는 역할을 한다. 여기서 일자리는 시장에서 다소 경쟁력이 떨어질 수 있는 일부터 공공서비스를 대체하는 일까지 상당히 다양하고 광범위한 성격을 가진다. 개인이 가지고 있는 소박한 재능에 경제적 가치를 부여하여 상부상조하는 시스템이기 때문이다. 이러한 일자리는 궁극적으로 사회공공서비스에 대한 공공의 부담을 완화할 수 있다. 공유공간의 확대는 주민 간의 만남, 교류의 장으로서 서로 간의 어색함을 익숙함으로 바꾼다. 주민이 공동체의 방관자에서 참여자로 전환할 수 있는 여건을 마련한다. 지역사회권은 이러한 사적공간, 개방공간, 공유공간 간의 유연한 조정을 위해 조립식 주택과 용적임대를 제안한다. 이를 통해 개인의 필요에 대응하면서도 개인 간의 관계망이 촘촘한 지역공동체를 만들어 감으로써 개인은 상호 독립적 존재에서 상호 의존적 존재로서 삶을 풍요롭게 할 수 있다는 것이다.

위에서 살펴본 지역사회권의 구현원리는 야마모토 리

켄이 제시한 순수 이상형이라고 할 수 있다. 순수 이상형의 지역사회권은 법적·제도적·문화적 제약을 고려할 때 현실에 그대로 적용하기 쉽지 않다. 따라서 지역사회권의 아이디어 및 취지를 현실의 틀 속에서 어떻게 반영하느냐가 중요하다. 다음 장에서는 지역사회권의 현실적 합성을 알아보기 위해 야마모토 리켄이 직접 설계한 'LH강남3단지'를 찾아가 보도록 하자.

◆ 선보 생각: 주택정책의 범위

이쯤 되면 누군가 이렇게 물을 수 있다. 지역사회권은 주택을 넘어선 것이니 지역사회권은 주택정책의 범위를 넘어선 것이 아닌가? 주택의 범위를 넘어선 것은 맞지만 주택정책의 범위를 넘어선 것이라는 말은 맞지 않다. 이제 주택에 갇힌 전통적 주택정책에서 주택을 넘어선 현대적 주택정책으로 힘차게 나아가야 한다. 주택정책은 주택을 과감히 넘어서야 한다. 주저할 필요가 없다. 그래야 주택정책을 제대로 다룰 수 있다. 영어를 조금 하는 선보는 자신 있게 선언한다.

"Housing Policy is not just about Housing."
(주택정책은 그저 주택에 관한 것만은 아니다.)

4장

설계사례: LH강남3단지

1. 조사대상 및 방법

지역사회권의 현실적합성을 알아보기 위하여 'LH강남
3단지'를 살펴보기로 한다. LH강남3단지는 세곡동 보금
자리 단지에 영구임대주택 192세대와 국민임대주택 873
세대 등 총 1,065세대로 구성된 공공임대주택단지다.

<표 4-1> LH강남3단지 개요

위치	서울시 강남구 세곡동			
세대수	1,065세대(영구임대 192세대, 국민임대 873세대)			
	영구임대		국민임대	
	21㎡	29㎡	36㎡	46㎡
	62(6%)	130(12%)	557(52%)	316(30%)
입주일	2013년 2월			
면적	대지면적: 3만 4,400㎡ 건축면적: 9,779㎡ 연면적: 3만 7,605㎡			
규모	4-15층, 15동			

LH강남3단지에 주목하는 이유는 지역사회권을 주창한 건축가 야마모토 리켄이 지역사회권 형성을 목적으로 직접 설계한 단지이기 때문이다. 이 장에서는 현재 설계 의도대로 단지 주민들 간에 지역사회권의 관계망이 형성되고 있는지를 조사·분석하고자 한다.

조사·분석에는 문헌연구, 현장조사, 전문가 의견조사 및 주민의 심층면접 등을 활용했다. 이를 통해 LH강남3단지의 지역사회권 형성 여부와 그 이유 그리고 행복주택의 실정에 맞는 지역사회권이란 어떤 것인지에 대해 하나하나 차근차근 알아보고자 한다.

<표 4-2> 전문가 의견조사 및 심층면접 개요

구분	내용
일시	2017년 7월 14일(금) 12시-17시 30분
장소	LH강남3단지 관리사무소 등
참석자	- LH: 부장 및 차장 - 설계 참여 건축가: 성상우(야마모토 리켄의 제자) - 관리사무소 소장 - 주민 5인

주) LH 부장 및 차장, 설계 참여 건축가와는 별도의 의견조사 시간을 가진 후 주민의 심층면접에는 같이 참여하여 의견을 교환함.

2. 지역사회권 구현을 위한 설계

보금자리주택정책의 일환으로 서울 강남지구에 디자인 명품 주거단지를 조성하면서 A3/A4/A5 세 단지의 현상안 공모가 이루어졌다. 현상설계의 목표는 가장 세련된 공공주택 디자인을 한국의 공공주택에 실질적으로 적용하고 소개하는 것과 저소득층의 경제적 문제를 고려하는 것을 넘어 주민들이 단지의 가치에 대해 자부심과 긍지를 가질 수 있도록 공공주택의 새로운 원형을 제안하는 것이었다. 주요 심사기준은 새로운 공공주택 유형의 제안, 실험성·명품으로서의 가치, 조경·지형에 대한 고려 등이었다. 야마모토 리켄은 A3단지의 공모에 당선되었고, A3단지는 완공되어 'LH강남3단지'로 명명되었고 2014년 한국건축문화대상 주거 부문 본상을 수상하였다.

LH강남3단지의 설계에 참여한 이은경은 『마음을 연결하는 집』 추천사에서 LH강남3단지는 가구 인원수가 줄어드는 가까운 미래를 고려한 새로운 방식의 공동주택을 제안하는 한편 사적공간의 일부를 공용공간으로 열고 지면과 저층부에 주민들이 적극적으로 대면하는 공유공간을 만들어 개인이 소외되지 않는 공동체를 만드는 것이 설계 의도였다고 밝혔다.

지금부터는 이러한 설계 의도를 동의 배치에 따른 공

간의 구획, 커뮤니티 시설의 확충, 세대 공간계획 등을 중심으로 살펴보고자 한다.

(1) 동의 배치에 따른 공간의 구획

저층형(4층)은 두 동의 입구가 서로 마주 보게 하여 가운데 공간을 주민끼리 공유하도록 하고, 고층형(15층)은 남향으로 서로 엇갈리게 정렬하여 일조를 확보했다. 공동공간은 자동차 동선, 외부인 동선, 내부인 동선 등 동선 구획을 통해 구분했다. 마주 본 동의 주민들이 함께 활용하는 공간에 공동공간의 성격을 부여하고 커뮤니티 시설과 연계했다.

저층과 고층의 교차설계는 주거동에 불룩한 요철처럼 입체감이 생기고, 바람과 햇살이 단지 전체를 통과하도록 자연의 길을 내기 위한 선택이었다고 한다. 이를 통해 좁은 동 간격(12-15m)에도 불구하고 고층건물의 간격은 넓어지게 되었다. 지역사회권적 배치는 CIAM(근대건축국제회의)적 배치, 즉 남향의 건물들이 건물 높이만큼 건물 간의 간격으로 떨어져 앞 건물의 뒤만 바라보는 구조와 달리 채광을 확보할 수 있는 건물 간격을 유지하면서 마주 보는 구조이기 때문에 주민들 간의 소통을 활성화할 수 있다.

① 퍼블릭 패스(Public Path)

등진 두 개의 동 사이의 공간인 퍼블릭 패스는 외부에서 단지로 진입하면 처음 마주치는 곳으로 남쪽에는 열린 마당으로 들어가는 입구와 옥외 주차장, 북쪽에는 옥외 주차장과 지하 주차장이 있다. 대부분 세대의 발코니와 부엌 쪽에 해당한다. 퍼블릭 패스에서 열린 마당으로 진입하도록 열려 있는 현관은 넓게 구획되어 있고, 들어서면 4층 높이의 높은 층고를 갖는 아트리움이 있다. 현관을 통해서는 열린 마당과 집으로 향하는 복도에 도달할 수 있다. 들어가면서 양면을 유리문으로 만든 주민 공용시설을 맞이하게 두어, 사람들이 지나다니며 쉽게 접촉하도록 설계되었다.[29]

공동주택을 외부인에게 어느 정도 개방하여야 하는가는 간단한 문제는 아니지만, 원칙적으로 외부인들이 돌아가지 않고 공동주택을 가로질러 갈 수 있도록 해주어야 한다. 공동주택 단지 내 길을 지역사회 공용의 길로 만들어 소통의 공간으로 거듭나게 해주어야 한다. 공간이 소통해야 사람이 소통할 수 있다. 다만 여기서의 길은 사람의 길을 말하는 것이지 자동차의 길을 말하는 것은 아니다.

② 열린 마당(Common Field)

두 개의 동이 마주 보는 사이에 자리 잡은 열린 마당은 마당을 공유하는 주민끼리 삶을 공유하는 일상성의 확장 공간으로 기능한다. 퍼블릭 패스가 동과 동의 묶임과는 관계없이 단지 주민 누구나, 외부인까지도 자유롭게 다닐 수 있는 물리적·시각적인 접근성을 가진 공간이라면 열린 마당은 주민을 위해 외부와 어느 정도 격리된 공간이다. 다만 약간의 시각적 제약을 제외하고는 외부와의 접촉을 완전히 차단하지는 않는다. 열린 마당은 참여 공간과 사랑방 공간의 연장으로서 주민들이 앞마당처럼 편하게 사용할 수 있는 공간이다.[30]

공동주택에 살면서 제일 아쉬운 점 중 하나가 마당이 없다는 것이다. 단독주택을 꿈꾸는 사람들의 로망 중 하나가 마당에서 숯불에 고기도 구워 먹고 아이들과 공놀이도 하는 것이다. 열린 마당은 공동주택에서 나만의 마당을 가질 수는 없지만 우리의 마당은 가질 수 있다는 것을 여실히 보여준다. 마당을 공유하면 더 넓고 더 활기찬 마당을 가질 수 있다. 열린 마당은 우리들에게 공유의 힘을 보여준다. 참고로 현상안에는 텃밭을 열린 마당에 두어 주민들이 적극적으로 공간에 참여하도록 유도하였으나 최종적으로 저층 옥상에 배치되었다.

③ 구름다리(보행다리)

구름다리는 LH강남3단지에 존재하는 높이 차이를 자연스럽게 해소하고 열린 마당들을 연속적으로 구성하여 열린 마당의 배타적 성격을 단지의 차원에서 해소하고 있다. 지대의 높이 차이로 인해 동 간의 연속성이 사라지면서 열린 마당이 마주 본 동들의 사이에서만 공유될 수 있었으나 구름다리를 만듦으로써 주민들이 퍼블릭 패스를 거치지 않고 열린 마당 사이를 이동할 수 있게 되었다.[31]

◆ **선보 생각: 다리의 뜻과 소리**

LH강남3단지의 구름다리는 '다리'의 의미를 다시 한번 곰곰이 생각하게 한다. 다리는 다리로 걸어서 강, 계곡 등 단절된 공간을 건너가기 위한 것이다. 다리의 역할은 이어줌, 즉 연결이다. 너와 나로 떨어져 있는 존재를 우리로 연결해 주는 것이다. 그러고 보니 다리는 그 소리도 아름답다. '다리', 낼수록 그리고 들을수록 묘한 매력을 품은 음이다. 굳이 여기서 다른 나라의 언어와 비교하지는 않겠지만 우리말의 발음은 참으로 일품이다.

선보가 살고 있는 지역은 기찻길이 마포구와 서대문구를 나누고 있다. 선보의 집에서 횡이 아닌 종으로 볼 수 있는 기찻길의 매력은 소음, 매연 등 부정적 측면을 능가한다. 어느 날 집에서 기찻길을 내려다보던 선보는 문득 이런 의문을 갖게 되었다. 왜 여태껏 두 지역을 다리로 연결하지 않았을까? 그러면 마포구 주민은 가재울 뉴타운의 맛집을, 서대문구 주민은 상암동 공원을 걸어서 이용할 수 있었을 텐데…. 혹시 다리라고 하면 으레 차가 지나가야 하는 것으로 여긴 것은 아닐까? 사람 대신 은근슬쩍 도시의 주인 행세를 하는 자동차는 이제 자기 자리로 돌아가야 한다. 지역사회권은 공간과 공간 사이에 다리를 놓아 사람과 사람 사이를 연결해 주는 것에서 발아할 수 있는 것이다.

(2) 커뮤니티 시설의 확충

커뮤니티 시설은 열린 마당과 연계되어 무지향적이고 다목적인 공동공간의 성격을 보완하고, 특수한 행위들을 함께 할 수 있도록 지원함으로써 공동공간에 특징을 부여하고 행위를 구체화한다. LH강남3단지는 색으로 구분된 공동공간에 한 개 또는 두 개의 커뮤니티 시설을 배치하였다. 어린이집, 경로당, 사랑방, 작은도서관, 운동시설 등이 공동공간을 마당 삼아 전개하며 각 열린 마당에 특색을 부여한다. 각 시설이 매개하는 사용자들이 연령이나 관심사 등으로 묶이기 때문에 같은 시설을 사용하는 사람들 간에는 교류가 더 원활하게 이뤄질 수 있다. 이렇게 늘어난 주민 간 접촉의 기회가 지역사회권의 형성에 이바지할 것으로 기대된다.[32]

(3) 세대 공간계획

① 사랑방(문지방) 공간과 유리현관문

개별 주호의 평면에서는 소형 규모의 평면이 어떻게 공동공간과 접할 것인가에 대한 고민이 담겨 있다. 사랑방 공간은 전실의 개념과 유사한데 공동공간의 연장이자 주거 내부의 차이를 드러내는 공간으로서 집의 거실이자 단지의 구성원들이 마주치는 공간의 연장으로 유리현관문을 통해 외부에 노출된다. 현상안에서는 가변형 벽체를 활용하여 방을 구획하는 방식에 따라 개방 정도를 다르게 접할 수 있도록 하였으나 지어지는 과정에서 방의 구획이 고정화되고, 거주자가 거실의 깊이를 설정하는 것이 불가능해졌다. 설계 의도는 가변형 벽체를 두어 실내를 삶의 형태에 맞게 조정하고, 실내와 공동공간의 조응방식과 사랑방 공간을 인지하는 방식에 따라 거주자들이 다양한 모습으로 공간을 활용하는 것이었다. 하지만 가변형 벽체를 세우기 위해서는 공사비가 증가하여 결국 방의 구획이 고정화되고 거주자들은 사랑방 공간의 특수한 활용 방법을 고민하지 않고 거실로 사용하게 되었다.

유리현관문은 지역사회권 설계의 상징과 같은 것으로 문이 닫히면 곧바로 밀실이 되어버리는 공동주택의 단점을 극복하고 외부에 노출된 장소를 각자의 생각에 맞게 꾸밀 수 있도록 하기 위한 것이었다. 건축가 성상우는 유리현관문의 설계 의도는 좁은 공간의 개방성을 높이고 무슨 일이 생기면 알 수 있도록 하기 위한 것으로서 깊이 너머의 존재에 대한 관심을 만드는 공간적 구조 형성이라고 하였다. 또한 그는 일본에서 자주 일어나는 노인

고독사가 야마모토 리켄의 유리현관문 아이디어의 계기가 되었다고 말했다.

공동주택에서 현관문은 밖(공용공간)에서 안(전용공간)으로 들어오는 문이자, 안에서 밖으로 나갈 수 있는 유일한 통로이다. 그동안 현관문은 단절, 닫힘의 상징이었다. 그 현관문을 유리로 만들면 어떤 일이 벌어질 것인가? 누군가 집의 내부를 볼 수 있다면 어떤 일이 벌어질 것인가? 하지만 각 주택의 사생활이 전혀 보호되지 않는다는 비판이 제기되자 투명유리에 블라인드를 설치하는 것으로 조정되었다. 이에 야마모토 리켄은 이러한 비판이 기존의 밀실주택만이 주택이라고 믿는 사고방식에서 기인한 것이라고 했다. 그는 주택 내부는 사생활이 침해받지 않도록 신중하게 계획했음에도 불구하고 설계 의도를 전혀 이해하지 못한 것이라고 하면서 미래사회에 대한 중요한 제안 중 하나가 불발로 끝나 버렸다고 안타까워했다고 한다.

② 복도: 참여공간

복도는 열린 마당을 감싸는 공간이며, 사람들이 집으로 들어가기 전에 이웃과 한 번 더 마주칠 수 있는 공간이기도 하다. 집으로 인도하는 공간이자 사랑방과 맞닿아 삶을 담아내는 가능성을 가지고 있다. 복도는 단순히 사람들이 집으로 들어가는 통로로써의 기능을 넘어 참여 공간의 역할을 수행한다. 주민들이 참여공간에 물건들을 적재하여 수납공간처럼 활용하기도 하고, 빨래 건조대, 탁자와 의자 등을 놓는 등 실내의 물건들이 실외로 나와 이질적인 풍경을 연출해 줄 것으로 기대한다.[33]

3. 지역사회권의 형성 여부에 대한 평가

(1) 공간구성에 의한 지역사회권 형성 여부

① 열린 마당에 대한 평가

저층에 사는 주민은 심층면접에서 서로 마주 보는 사이에 있는 공동마당으로 인해 면대면 접촉이 늘어나서 비교적 서로 잘 알고 지내고 있다고 했다. 특히 308동의 경우에는 평상에서 수박을 나누어 먹는 등 재미나게 지내는 모습을 자주 보았다고 말했다. 평상 형태의 넓은 벤치에서 주민들은 고추를 말리기도 하고, 경로당 행사를 진행하기도 하며, 둘러앉아 대화를 나누는 등 일상성의 확장 공간으로 활용하고 있다고 한다.[34] 이러한 점들을 볼 때 열린 마당은 설계 의도대로 지역사회권 형성에 긍정적 역할을 하고 있는 것으로 보인다.

② 사랑방 공간과 유리현관문에 대한 평가

야마모토 리켄의 건축에는 공적 공간과 사적 공간의 경계에 대한 감각이 민감하게 드러난다. 그는 관습적인 심리적 거리감에 의해 물리적으로 굳게 닫힌 경계가 만드는 소외 양상을 극복하기 위해 사랑방 공간으로 드러나는 경계 공간을 제안했다. 사랑방 공간은 관습적으로 주거 내부로 향하게 만드는 사적 공간의 절대성을 철폐하고 주거의 본질, 혹은 공동성을 드러내기 위해 고안한 공간이다.[35] 야마모토 리켄은 사랑방 공간을 거주자들이 인지하는 방식에 따라 다양한 모습으로 활용하기를 기대했으나 설계 의도와 달리 거주자들은 사랑방 공간의 특수한 활용 방법을 고민하지 않은 채 거실로 사용하고 있었다. 결국 사랑방은 일반적 거실에 유리문을 댄 것과 크게 다르지 않은 형태가 되어버렸다.[36]

유리현관문에 대한 주민들의 반응은 대체로 부정적이었으나 일부 주민은 크게 상관하지 않았다. 사랑방 공간과 유리현관문은 아직까지 입주민들의 주거양식을 변화시키지 못하고 있다고 하겠다.

③ 복도의 개방성 등에 대한 평가

야마모토 리켄은 복도에 빨래 건조대, 탁자, 의자 등

집 안 내부의 물건이 나와 있는 모습을 그리고 있었다. 실제 한 고령의 주민은 복도에 물건을 내놓았다가 신혼부부와 갈등이 생겨 마음고생을 많이 했다면서 세대 간에 같이 모여 사는 것에 대해 부정적 의견을 말하기도 했다. 하지만 다른 고령의 면접 대상자들은 젊은 사람들과 같이 사는 것에 대해 그리 부정적이지 않은 의견을 보였다.

한 입주민은 복도에 대해 복도가 나왔다 들어갔다 하는 것은 골목길을 연상하게 하나 철조망의 존재는 마치 감옥에 들어가는 느낌을 준다는 의견을 밝혔다. 특히 철조망의 경우 소방차가 출동하여 불을 진화할 때 방해가 된 적도 있다고 했다. LH강남3단지에 살면서 제일 불편한 점은 무엇인가라는 물음에 복도가 개방되어 있어 눈이 오면 나이 든 사람들은 다니기가 너무 위험할 정도로 미끄럽다는 의견도 있었다. 이는 지역사회권 형성이 안전성 등 다른 가치와 충돌할 수도 있음을 보여준다. 다른 한편으로 보면 복도에 대한 주민들의 평가는 지역사회권에 대한 평가라기보다 안전과 편리성에 대한 것이므로 지역사회권 형성과의 관계에서는 중립적이라고 할 수도 있다. 예를 들어 눈이 내려 복도가 미끄러워지는 것이 주민들이 모여 눈을 같이 치우면서 공동체 경험을 공유하는 계기를 제공할 수도 있을 것이다.

④ 빈 공간의 활용에 대한 평가
퍼블릭 패스에서 열린 마당으로 들어오는 입구에 입주
민들이 쉽게 접근할 수 있는 주민공용시설을 염두에 둔
공간이 빈 공간으로 방치되어 있는 것은 설계의 실패라
는 지적이 있다. 이런 지적에 대해 건축가 성상우는 설
계에 빈 공간을 둔 것은 입주민들의 자율 선택 및 사용
을 기대했기 때문이라고 했다. 빈 공간을 둔 것은 설계
자에게는 엄청난 자제가 필요한 것이 아닐까? 이는 사용
자(일반인)가 공간의 용도를 직접 정하라는 설계자(전문
가)의 멋진 배려이자 양보가 아닐까? 생각의 폭을 넓혀
보면 후손들에게 물려주어야 할 것은 이미 용도가 정해
진 꽉 찬 공간이 아니라 용도가 열려 있는 빈 공간일 수
있다. 빈 공간은 설계의 꽃이다.
빈 공간을 어떻게 활용할 것인가를 두고 주민들이 서
로 의견을 개진하며 소통하고 갈등하는 것 그리고 그것
을 거쳐 빈 공간이 채워지는 과정 자체가 지역사회권 형
성에 중요한 과정이다. 관리소장은 빈 공간의 활용을 위
해 공공의 지원을 받아 어울마당이라는 카페를 열기도
했으나 커피 내리는 기계의 정확한 작동에 대한 이해 부

족, 예산 공개 여부에 대한 불신 등으로 자리를 잡지 못하고 있다고 했다. 공부방을 청소부 아주머니의 쉼터로 활용하고 있는 등 설계 의도와 달리 공간이 활용되는 경우도 있었다. 이러한 예를 통해 단순히 공간의 제공만으로 지역사회권이 형성되는 것은 아님을 알 수 있다.

⑤ 기타

구름다리는 다리 위에서 내려다보이는 일부 주민의 반대가 있었으나 대부분의 주민들이 그 편리성을 인정하고 있었다. 주차장의 경우 여유가 있다는 점은 좋으나 동파에 취약하다는 견해가 있었고, 층간소음의 경우도 문제가 되고 있었다.

(2) 프로그램에 의한 지역사회권 형성 여부

① 텃밭

텃밭에 대한 고령자들의 만족도는 높았다. 텃밭의 사용을 두고 1년에 한 번씩 추첨을 하고 있는데 경쟁률이 상당히 높아 당첨될 확률은 낮지만 이미 팀이 짜여 있어 누가 되더라도 팀의 일원으로 텃밭을 가꾸고 있다고 했다. 대부분 자급자족하지만 서로 나누기도 하고 예외적으로 판매하는 경우도 있다고 했다. LH 담당자는 당첨된 입주민이 열심히 밭을 가꿔 수확량도 꽤 좋은 것으로 알고 있고, 농사일이 나름 지속적인 활동이기 때문에 입주민 사이의 유대감도 더욱 끈끈해지고 있다고 평가했다. 건축가 성상우는 텃밭에 모여 재배한 채소를 이웃 주민과 나누며 고기를 구워 먹는 모습을 상상하면서 농기구를 씻는 개수대, 야외주방, 휴식공간 등을 설계했다고 했지만 면접 대상자들은 주변에 냄새가 너무 나서 바람직하지 않을 것 같다는 데 의견을 같이했다.

② 5일장

5일장을 시도한 적이 있는데 일부 주민들이 시끄럽고 냄새가 난다고 민원을 제기하여 중단되었다고 한다. 특히 1층 주민들의 반대가 심했다고 한다. 하지만 고령자들의 경우 대형마트에 가기 어렵다는 점과 주변 마트의 물가가 비싸다는 점 등을 고려할 때 다시 재개했으면 좋겠다는 의견도 있었다. 물건을 돈을 주고 사는 화폐경제 시스템보다 물건과 물건을 거래하는 물물교환 시스템이 같은 단지에 거주하는 사람들 간에는 보다 잘 어울릴 수도 있다. 나에게 필요 없는 물건이 다른 사람에게 가서 요긴하게 쓰이며 나를 생각나게 하는 기재가 된다면 이 얼마나 의미 있는 일인가? 5일장을 이런 방식으로 활용하면 좋을 것으로 보인다.

③ 기타

LH의 공동체 활성화 프로그램으로 보건소, 건강 프로그램, 경로당, 복지관, 이·미용 서비스 등을 운영하지만 참여도가 높지 않은 편이라고 한다. '강남보금자리주택 LH강남3단지(A블럭)입주자모임'(네이버 카페)이라는 온라인 활동에 참여한 적이 있는가라는 물음에 대해 고령자들은 그런 것은 젊은 사람들이나 하는 것이라며 참여한 적이 없다고 답했다. 임차인대표회의 외의 특별한 자치조직은 아직 형성되어 있지 않았고, 경로당에서 밥 먹는 정도가 전부라고 했다.

(3) 관리사무소의 역할에 대한 평가

상부상조의 예가 있는가라는 물음에 대해 관리소장은 2016년에 있었던 고독사를 예로 들면서 고개를 설레설레 저었다.

"한 노인이 죽은 지 한참 만에 발견되어 입주민들에게 충격을 준 적이 있습니다. 세곡동주민센터에서 재발 방지를 위해 복지도우미를 보내겠다며 직원이 상주할 수 있는 공간만 마련해 달라고 했지만 입주민대표회의에서 복지시설화 될 것이라

는 우려와 공부방은 줄 수 없다는 의견 등으로 인해 부결되고
말았습니다."

　관리사무소가 주민 간의 연계를 위한 노력을 할 필요
가 있지 않느냐는 질문에 마음씨 좋아 보이시는 관리사
무소장은 기본적인 관리운영인 경비, 청소, 공동시설물
관리 외에 세대 시설물(전용 부분) 등 민원처리까지 해
주어야 해서 인력상 어려우며, 현재 인건비에 충당하기
위한 관리비 인상안도 받아들여지지 않는 등 사실상 인
력 증원도 힘든 상황이라고 했다. 또한 관리사무소가 이
런 일을 주도하다가 무슨 일이 생기면 책임을 물어올 수
있어 사실상 어렵다고 했다. 예를 들어 아기 봐주는 것
을 연결해 주었다가 혹시라도 잘못되면 그 책임을 누가
지느냐고 되물었다. 따라서 어머니모임(가칭) 등 자생적
단체가 해주어야 한다는 의견을 제시했다. 전반적으로
관리사무소는 지역사회권 형성을 위해 주민을 설득해야
하는 지루한 과정을 수행하기에는 무리가 있어 보였다.
선보는 자신이 관리사무소장이라 하더라도 해낼 수 없음
을 인정하지 않을 수 없었다. 이상은 너무 멀고 현실은
너무 버겁다.

(4) 총평

전반적으로 LH강남3단지는 지역사회권 형성을 위한 공간 구획과 구성이 이루어졌으나 설계 의도를 이해하지 못한 주민들이 제대로 활용하지 못하고 있는 상태라고 할 수 있다. 지역사회권이 예상과 달리 더디게 진행되고 있다는 지적에 대해 건축가 성상우는 이렇게 답했다.

"지역사회권을 뭔가 대단한 것으로, 바로 파라다이스가 열리는 것으로 보는 것은 문제가 있습니다. 가보지 않은 길을 한 발 한 발 가는 것이죠. 이런 건물을 보고 힌트를 얻어서 모여 사는 방식에 대해 고민해 보는 데 의의가 있습니다."

야마모토 리켄의 설계 의도는 사회적 관계를 만들어내는 장으로서의 주택을 만드는 것이다. 여기서 관계는 공간과 공간과의 관계에서 시작하여 사람과 공간과의 관계를 거쳐 사람과 사람 사이의 관계로 발전되어야 할 것이다. LH강남3단지는 공간과 공간의 관계가 아직 다음 단계로 발전하지 못하고 있는 것으로 보인다. 공간은 지역사회권 형성의 가능성은 담보해 주지만 지역사회권 형성 자체를 담보해 주지는 못하기 때문이다. 하지만 열린 마당에서 그리고 텃밭에서 사람들이 모여 이야기를 나누고 공동생산의 기쁨을 나누는 등 지역사회권의 싹은 분명히 돈아나고 있었다. 또한 지역사회권을 쉽게 말하면 이웃 사촌화라고 이야기하자 면접 대상자들은 타지에서 와서 사는 사람 간에 서로 의지하면서 살면 당연히 좋은 일이라면서 지역사회권에 긍정적 반응을 보여주었다.

◆ 선보 생각: 설계자의 역할

입주민들이 설계 의도를 이해하지 못하는 안타까운 일이 왜 발생했을까? 설계자가 입주민들에게 설계 의도를 설명할 기회가 없었다는 점과 입주자가 설계에 대한 평가(사용후기)를 설계자에게 전달할 기회가 없었기 때문이다. 지역사회권의 측면에서 생각해 보면 설계자의 역할은 설계도면을 그리는 것으로 끝나는 것이 아니라 입주민과의 지속적 소통을 통해 지역사회권 형성을 지원해 주는 것까지 확장되어야 한다. 설계에 참여한 사람들이 열린 마당의 평상에서 입주민들과 대화를 나누는 기회를 갖는 것도 멋진 지원이 될 수 있는 것이다.

3부

행복주택이
지역사회권을 만나면

행복주택이 지역사회권을 만나면 어떤 일이 펼쳐질까? 둘을 주선하기 위해 한쪽 파트너인 지역사회권에 대해 살펴보았으니 이제 다른 한쪽인 행복주택에 대해 알아보도록 하자. 둘은 천생연분의 연을 맺을 수 있을까?

1장

행복주택의 의의

1. 행복주택의 개념

2019년 주거실태조사에 따르면 청년가구의 경우 소득이 적고 월세 비중이 높아 소득 대비 임대료 부담비중(RIR: Rent to Income Ratio)이 17.7%로 일반가구(16.1%)에 비해 높고, 임대료 및 대출금 상환부담도 76.3%로 일반가구(65.0%)에 비해 부담이 크며, 쪽방·고시원에 거주하는 등 최저주거기준 미달가구 비율이 9.0%로 상당히 높은 것으로 파악된다. 이러한 젊은 층의 주거현실을 반영한 행복주택의 취지는 주택시장에서 자력으로 주거안정을 이룰 수 없는 젊은이들에게 주거안정의 디딤돌과 주거사다리를 놓아주자는 것이다.

「공공주택특별법 시행령」 제2조에 따르면 행복주택이란 국가나 지방자치단체의 재정이나 주택도시기금의 자금을 지원받아 대학생, 사회초년생, 신혼부부 등 젊은 층의 주거안정을 목적으로 공급하는 공공임대주택을 말한다. 국토교통부가 발행한 「행복주택 브로슈어」에서는 대학생, 사회초년생, 신혼부부 등 젊은 층의 주거안정을 위하여 대중교통이 편리하거나 직장·학교가 가까운 곳에 건설하여 저렴하게 공급하는 새로운 유형의 공공임대주택으로 정의하고 있다.

◆ 선보 생각: 주택정책의 연속성

행복주택은 2012년 9월 당시 박근혜 대통령 후보의 '집 걱정 덜기 종합대책'이라는 공약으로 등장한 박근혜 정부의 주택정책 아이콘이다. 행복주택은 물적 측면의 아이디어(철도부지, 유수지 등에 데크를 설치하고 그 위에 주택을 짓는 방식) 외에는 소프트웨어적 측면에서 해외 사례를 찾기가 쉽지 않다. 우리가 독창적으로 개발한 임대주택 유형으로 보아도 큰 무리가 없다. 정치적 시각에서 보면 행복주택은 젊은 층의 주택문제를 정책의제로서 본격적으로 다루었다는 의미가 있다. 이를 조금 부정적으로 보면 젊은 층의 표를 의식했다고 할 수 있고, 많이 긍정적으로 보면 정치권이 드디어 젊은 층의 주택으로 인한 고통에 응답하기 시작한 것이라고 하겠다.

흥미롭고 다행스러운 점은 문재인 정부에서 박근혜 정부의 핵심 주택정책인 행복주택을 기본적으로 유지하고 있다는 점이다. 두 정부가 지향하는 이념의 스펙트럼 차이를 누가 부인할 수 있겠는가? 하지만 주택이라는 민생 부문에 있어서 이념보다 중요한 것은 실용이다. 주택에 대한 선보의 생각은 분명하다.

"주택은 민생이요, 실용이다."

2. 행복주택의 특성

<표 1-1>에서 보듯이 행복주택은 다른 유형의 공공임대주택과 여러모로 차이가 있다. 여기서는 지역사회권의 시각에서 행복주택의 주요 특성을 알아보고자 한다.

<표 1-1> 공공임대주택 유형과의 차별성

구분	행복주택	공공임대	영구임대	국민임대	장기전세 (Shift)	매입임대	기업형 임대[1] (New stay)
목적	젊은 세대의 주거안정 및 복지 향상	내 집 마련 계층의 자가 마련 지원	최저소득층의 주거 안정	저소득층의 주거안정	중산층의 주거안정	저소득층의 주거안정	중산층 주거안정
시행 연도	2013	1982	1989	1998	2009	2004	2015
대상	신혼부부, 사회초년생, 대학생, 노인, 취약계층 등	청약저축 가입자	기초생활 수급자 등 최저소득 계층	도시근로자 월평균소득 70% 이하	도시근로자 월평균소득 120% 이하	도시근로자 월평균소득 100% 이하	중산층 (별도 제한 없음)
주택 규모 (전용 면적)	45㎡ 이하	85㎡ 이하	26-42㎡	60㎡ 이하	규모 다양	규모 다양	규모 다양
주요 입지	직주근접 가능 용지	신도시 등 택지지구	-	신도시 등 택지지구	-	-	입지 다양
거주 기간	젊은 층 6년, 취약계층 20년	5년/10년/50년	영구	최장 30년	최장 20년	최장 10년	최장 8년

구분	행복주택	공공임대	영구임대	국민임대	장기전세 (Shift)	매입임대	기업형 임대[1] (New stay)
기타	도심 내 건설, 교통편리	분양전환 가능(50년 제외)	2년마다 계약 갱신	철거민, 장애인 등 우선 공급	전세 시세의 80% 수준	임대료 수준의 80% 수준	민간임대 주택

주)[1] 기업형 임대: 사업장별로 세대수의 20% 이상을 청년층 등 정책지원계층에 특별공급하고 공공
지원은 공공기여에 따라 합리적으로 조정하는 등 공공성을 강화하여 '공공지원주택'으로 개편
(2017.11. "사회통합형 주거사다리 구축을 위한 주거복지 로드맵")
* 출처: 2015, "행복주택의 이해 및 추진 현황", KB지식비타민, 15-7호, p.2 재구성

2-1) 인적자원의 특성

(1) 인적구성의 특성

「공공주택 특별법 시행령」에 따른 법적 정의와 「행복
주택 브로슈어」에 따른 일반적 정의를 보면 행복주택의
입주대상은 대학생, 신혼부부, 사회초년생 등 젊은 층에
한정되어 있다. 그러나 「공공주택 특별법 시행규칙」 별
표 5에 따라 구체적인 입주대상자와 그 자격을 살펴보면
행복주택은 젊은 층의 전유물이 아님을 알 수 있다. 행
복주택은 젊은 층에 80%, 고령자와 주거급여수급자에 각
각 10%를 공급하는 것이 원칙이다.[37] 따라서 행복주택의
개념을 생애주기적 관점에서 젊은 층의 주거안정으로 한
정하는 것은 적절하지 않다.[38] 고령자 계층과 주거급여수
급자 계층의 입주를 고려한다면 행복주택의 특성을 세대
및 계층혼합으로 보는 것이 합당하다. 행복주택은 고령

자주택의 성격과 전통적인 임대주택의 성격을 일정 부분 갖고 있는 것이다.[39]

행복주택의 구체적 입주자격은 아래의 <표 1-2>에서 보는 것과 같다.

<표 1-2> 행복주택의 입주자격

계층	입주자격(모집공고일 기준)	
	일반 사항[1]	소득 및 자산
대학생	미혼인 무주택자[2]로서 대학교 재학(입학, 복학 예정) 중이거나, 대학·고등학교를 졸업·중퇴 후 2년 이내의 취업준비생	(소득) 본인·부모 합계 소득이 평균소득[3]의 100% 이하 (자산) 본인 총자산 0.74억 원, 자동차 없음
사회 초년생 (청년)[4]	미혼인 무주택자로서 만 19-39세 중 소득활동 기간이 5년 이내인 사람 또는 퇴직 후 1년 이내의 자 중 구직급여 수급 자격이 있는 자	(소득) 본인 소득이 평균소득의 80% 이하(세대 100% 이하) (자산) 본인 총자산 2.18억 원, 자동차 0.25억 원
신혼부부 & 한부모가족	무주택세대구성원[5](예비신혼부부는 무주택자)으로서 결혼 7년 이내이거나 6세 이하의 자녀를 둔 사람(예비신혼부부 포함) ※ 한부모가족: 6세 이하의 자녀를 둔 경우	(소득) 세대소득이 평균소득의 100% 이하 (자산) 세대 내 총자산 2.44억 원, 자동차 0.25억 원
고령자	무주택(1년 이상)세대구성원으로서 해당 지역에 거주하는 65세 이상인 사람	(소득) 세대소득이 평균소득의 100% 이하 (자산) 세대 내 총자산 2.44억 원, 자동차 0.25억 원
주거급여 수급자	무주택(1년 이상)세대구성원으로서 해당 지역에 거주하는 주거급여수급 대상자인 사람	(소득) 세대소득이 중위소득의 43% 이하 (자산) 소득인정액 평가 시 반영

계층	입주자격(모집공고일 기준)	
	일반 사항[1]	소득 및 자산
산단 근로자	무주택세대구성원으로서 인근(연접 시·군 포함) 산업단지의 입주기업 등에 재직 중인 사람	(소득) 세대소득이 평균소득의 100% 이하 (자산) 세대 내 총자산 2.44억 원, 자 동차 0.25억 원

주)[1] 청년, 신혼부부, 산단근로자(부부 중 1인)는 입주 전까지 청약통장에 가입해야 하며, 예비신
　　혼부부는 입주 전까지 혼인사실을 증명하여야 함.
주)[2] 무주택자란 주택을 소유하고 있지 않은 자를 말함(세대 내 다른 구성원이 주택을 소유해도
　　무방함).
주)[3] 도시근로자가구 월평균소득 기준(3인 이하): 80% 400만 원, 100% 500만 원.
주)[4] 사회초년생은 청년(19-39세)으로 변경됨(「공공주택특별법 시행규칙」 개정(2018.3.14.)).
주)[5] 무주택세대구성원이란 해당 세대가 주택을 소유하고 있지 않은 세대의 세대주, 세대주와
　　동일한 세대별 주민등록표상에 등재되어 있는 세대주의 배우자 및 직계존비속을 말함.
* 출처: 「공공주택특별법 시행규칙」 별표 5, 재구성

　이질성이 동질성보다 보편적인 현대사회에서 공공임대
주택을 어느 한 세대가 독점할 수는 없다. 또한 동일 세
대 내의 한 구성 집단이 임대주택의 점유를 독점할 수도
없다. 세대 간 그리고 세대 내에서도 다양한 사람들이
어울려 살아가야 한다. 지역사회권은 경제적·사회적 배
경이 서로 다른 다양한 연령대가 자신의 재능을 교환하
며 어울려 사는 모습을 보여준다. 지역사회권은 동질성
보다 이질성, 획일성보다 다양성 속에서 발아한다. 행복
주택은 인적구성에 있어 전통적인 공공임대주택과 다른
잡종(Hybrid)의 성격을 가지고 있으며 이를 얼마나 잘 활
용하느냐에 따라 지역사회권의 성공 여부가 결정될 수
있다.

(2) 입주자 간 차별적 거주기간

신혼부부·사회초년생·대학생 등 젊은 층의 거주기간은 원칙적으로 6년이고, 고령자·주거급여수급자는 20년까지 거주할 수 있다. 다만 사회초년생, 대학생이 거주 중 취업·결혼으로 사회초년생, 신혼부부 자격을 갖출 경우에는 최대 10년까지 거주를 허용한다. 행복주택의 거주기간은 두 가지 측면에서 다른 공공임대주택과 차별성을 가진다. 하나는 거주기간이 비교적 짧다는 점이고, 다른 하나는 입주자격별로 거주기간에 차등을 두었다는 점이다.

거주기간을 단기로 정한 것은 다수가 행복주택의 혜택을 나눌 수 있도록 하고 가난을 대물림하지 않겠다는 정책의지의 반영이라고 할 수 있다. 이는 영구임대주택이나 최장 30년간 입주민의 거주가 가능한 국민임대주택 등의 경우 입주민의 장기간 거주로 인한 고착화 및 고령화로 인한 단지 침체와 단지가 외부와 점차 단절되고 사유화되는 등의 문제가 발생하고 있음을 고려한 것으로 볼 수 있다.[40]

행복주택에서 거주기간의 입주자별 차이는 단기 입주자와 장기 입주자 간의 입장 차로 긴장을 유발할 수 있다. 지역사회권의 형성과 관련하여 이러한 긴장감을 지역사회권의 지속가능성을 위해 활용할 수 있어야 할 것이다.

<표 1-3> 행복주택의 거주기간[1]

대학생	청년	신혼부부 한부모가족	고령자	주거급여수급자
6년	6년	· 무자녀: 6년 · 유자녀: 10년	20년	20년

주)[1] 대학생이 거주하는 중 청년 또는 신혼부부의 입주자격을 갖추거나 청년이 거주하는 중 신
혼부부의 입주자격을 갖추는 경우에는 공급대상을 변경하여 새로 계약이 가능하고, 계약을
하는 시점부터 변경된 공급대상의 최대 거주기간을 새로 적용함. 다만 행복주택 입주자의
전체 거주기간은 10년을 초과할 수 없음.
* 출처: 「공공주택 특별법 시행규칙」, 별표 5

◆ 선보 생각: 거주기간을 어떻게 결정할 것인가?

얼마만큼 거주할 수 있도록 할 것인가는 공공임대주택정책의 중요한
고민거리 중 하나다. 소득을 기준으로 할 것인가, 기간을 기준으로 할
것인가? 소득을 기준으로 하여 일정 소득 이상이 되면 퇴거하라고 한다
면 과연 소득증대를 위해 일할 사람이 얼마나 될까? 또한 정확한 소득
을 확인하기 위한 행정비용도 만만치 않을 것이다. 이에 반해 입주 때
부터 거주기간이 정해지면 입주자들의 예측 가능성을 높이고 행정비용
을 절감할 수 있다.
공공임대주택의 목적은 계속 거주하는 것이 아니라 하루라도 빨리
민간주택시장으로 나아가 당당히 자립하는 것이다. 이런 측면을 고려한
다면 청년 · 신혼부부 · 한부모가족 · 산업단지근로자 경우 입주 전까지
청약통장 가입을 필요조건으로 한 것은 의미가 있다고 하겠다.

(3) 임대료 산정: 시장가격의 감안

행복주택의 임대료 기준의 주요 내용은 다음과 같다.

① 정부는 임대료 상한선인 표준임대료의 기준을 설정

하고 사업시행자(LH 등)가 표준임대료 이하의 범위에서 실제 임대료를 결정한다.

② 표준임대료는 주변 지역의 전월세 시세를 기준으로 설정하고, <표 1-4>에서 보는 것과 같이 시세의 60-80% 범위에서 입주계층별로 차등화한다. 이 경우 시세는 사업시행자가 행복주택과 유형·규모 등이 비슷한 인근 주택의 임대차 거래 사례를 조사하여 결정하고, 필요한 경우 감정평가를 활용할 수 있다.

<표 1-4> 입주계층별 표준임대료

입주계층	표준임대료
대학생, 소득이 없는 청년	시세의 68%
소득이 있는 청년	시세의 72%
신혼부부, 한부모가족	시세의 80%
고령자	시세의 76%
주거급여수급자	시세의 60%

* 출처:「행복주택의 표준임대보증금 및 표준임대료 등에 관한 기준」제3조, 재구성

③ 보증금과 월세 비율은 입주자 모집공고 시 기본적으로 50:50의 비율로 제시되지만, 입주자 요청에 따라 상호 전환할 수 있다.

④ 시간 경과에 따른 시세 변동을 임대료에 반영하기 위해 매년 시세를 조사해 표준임대료를 갱신한다. 다만 갱신 계약 시 임대료 상승률은 「임대주택법」에서 정한

범위(5%)를 넘을 수 없다.

이와 같이 행복주택은 임대료 산정에 시장가격을 반영한다는 점에서 기존의 공공임대주택의 임대료 산정방식과 차별성을 지닌다. 이는 기존의 공공임대주택이 저소득층 중심의 주택공급 정책이었던 반면 행복주택은 사회활동이 왕성하고 경제활동에 참여하는 계층을 대상으로 한다는 점, 보금자리주택사업 등이 주택시장 침체에 영향을 미쳤다는 평가 등이 반영된 것이다. 기존의 공공임대주택이 사업성과 무관하게 공급된 결과 민간주택시장에 부정적 영향을 가져온 문제점을 보완하여 공공임대주택 공급에서 주택시장과 균형을 고려한 측면으로 볼 수 있다.[41]

그러나 공공임대주택 정책이 주택시장의 침체를 가져왔다는 지적은 다시 생각해 볼 필요가 있다. 공공임대주택의 목적이 주거취약계층의 주거안정이라면 어딘지 싱거운 느낌이 든다. 한 걸음 더 나아가야 한다. 공공임대주택이 민간주택시장에 영향을 미쳐 민간주택의 전·월세 가격안정에 기여할 수 있어야 하는 것이다. 하지만 누군가(주택을 보유하고 있는 사람들이라고 심증이 가지만 물증은 없다)가 은근히, 경우에 따라서는 노골적으로 반대하고 나선다. 시장교란이라는 말이 등장한다. 사실

이런 말이 나온다는 것은 정부개입이 성공했다는 반증이 므로 더 밀고 나가야 하는데 멈칫멈칫하고 만다. 보금자 리주택정책은 이런 면에서 아쉽다고 하겠다. 주택가격을 못 잡는 것인지, 안 잡는 것인지 의문이 들 때가 있다. 주택정책에서 주목해야 할 계층분화 현상이 있다면 집을 가진 계층과 집을 가지지 못한 계층 간의 갈라섬이다. 양자의 힘겨루기를 상생으로 이끄는 것은 주택정책 최고 의 난제 중 하나이다.

◆ 선보 생각: 황금률

선보는 행복주택의 인적자원을 보면 신이 난다. 다름·섞임의 가치 와 같음·따로의 가치 간의 경쟁에서 당당히 전자가 후자를 압도하고 있기 때문이다. 인적구성, 거주기간, 임대료 등등 모든 것이 차별적이 다. 문제는 이런 차별성을 어떤 기준으로 섞어야 하는가 하는 것이다. 무턱대고 섞어서도 안 되고 겉모습만 섞어서도 안 된다. 예를 들어 층 별로 세대를 고정하기보다는 층별로 다양한 세대가 어우러질 수 있도록 하는 것이 제대로 된 섞임에 가깝다.

보다 구체적으로 보면, 고령자가 왜 총 입주자의 10%이어야 하며, 20년의 거주기간에, 표준임대료의 76%에 해당하는 임대료를 내야 하 는가이다. 황금률을 찾아낼 수 있다면 얼마나 좋으련만…. 한눈에도 쉽 지 않음을 알 수 있다. 한 가지 분명한 점은 공공주택정책은 임대가 원 칙이고 분양은 극히 예외적이어야 한다는 것이다. 그래야 우리 사회의 인구구조, 소득수준의 변화 등을 종합하여 융통성 있게 시간을 두고 사 례별로 황금률을 찾아갈 수 있기 때문이다. 분양은 황금률을 처음부터 포기하는 것과 다를 바 없기에 찬성하기 어렵다.

2-2) 공간자원의 특성

(1) 주민공동시설

행복주택에는 전통적 공공임대주택에는 존재하지 않는 공간인 주민공동시설 및 지역편의시설이 자리하고 있다. 주민공동시설은 <표 1-5>에서 보는 바와 같이 기본설비, 생활편의시설, 소통교류시설, 성장발전시설, 긴강체육시설, 취미여가시설, 보육·경로시설 등 행복주택 입주자들이 이용하는 시설이다. 행복주택의 각 주호가 좁은 전용공간으로 이루어져 있기 때문에 공용할 수 있는 시설을 별도로 마련하는 것은 전용공간을 효율적으로 활용할 수 있도록 하고, 공용공간에서 자연스러운 만남을 통해 입주민 간의 소통과 교류에도 기여할 것으로 보인다.

<표 1-5> 주민공동시설의 유형 및 내용

유형	내용	비고
기본설비	무인택배보관함 설비, 무선인터넷통신 설비(주민공동시설 구역 내 설치), 대학생·청년(1인가구, 전용면적 25㎡ 이하 원룸형주택)에 공급하는 주택의 빌트인 설비(냉장고, 전기·가스쿡탑, 식탁·책상 등과 같이 건축물에 부착하거나 공공주택사업자가 입주민 편의를 위해 제공하는 설비)	필수 설치
생활편의 시설	공용세탁실, 공용취사장, 방문자숙소(게스트룸) 등	
소통교류 시설	주민카페, 주민휴게시설, 다목적회의실 등	
성장발전 시설	도서실, 독서실, 세미나실, 창업지원실, 컴퓨터·사무기기실 등	

건강체육 시설	피트니스센터, 단체운동실, 옥내외 스포츠·운동시설 등	
취미여가 시설	동아리방, 교육·체험실, 전시·공연장, 영상·음악감상실, 유희실 등	
보육·경 로시설	영유아놀이방, 공동육아실, 장난감대여실, 옥외 유아놀이터, 고령자 휴 게·활동실 등	

* 출처:「공공주택업무처리지침」제34조의8

(2) 지역편의시설

지역편의시설은 국공립어린이집, 마을회관, 자활지원센터, 청소년문화센터와 같이 지역주민이 함께 이용할 수 있는 고용, 복지, 보육, 문화, 체육, 가족지원 및 창업지원 등의 공공서비스가 입주하는 공간을 의미한다. 지역편의시설은 행복주택 인근 지역주민이 함께 이용할 수 있는 공용시설로 아파트 입주민의 편의를 목적으로 하는 단지 내 주민부대복지시설과 차별성을 지니며, 행복주택의 건설이 지역사회에 긍정적 외부효과를 가져올 수 있도록 하는 것을 목적으로 한다.

<표 1-6> 지역편의시설의 설치기준

세대수	면적
300세대 이상 500세대 미만	200제곱미터 이상
500세대 이상 700세대 미만	350제곱미터 이상
700세대 이상 1,000세대 미만	500제곱미터 이상

세대수	면적
1,000세대 이상	750제곱미터 이상
1,500세대 이상	1,000제곱미터 이상

주)[1] 주변 여건상 필요 없다고 판단되는 경우에는 해당 지방자치단체 협의를 거쳐 작은 면적으로
하거나 확보하지 않을 수 있음.
주)[2] 지역편의시설은 행복주택과 별도 시설로 설치하거나 행복주택의 주민공동시설의 일부로 설
치할 수 있다.
* 출처:「공공주택업무처리지침」제34조의7

현행 규정에 따르면 300세대 미만은 지역편의시설을
위한 공간을 제공하지 않아도 된다. 왜 300세대가 기준
이 되었는지 확실하지 않으나 지역사회권의 시각에서 본
다면 반드시 재고되어야 한다. 지역편의시설은 행복주택
입주자와 이웃 주민이 소통할 수 있는 유일한 통로이자
이웃 주민 간 소통할 수 있는 공간이다. 세대수가 중요
한 것이 아니다. 기준이 될 수 없는 것을 기준으로 삼으
면 어떤 일이 벌어지겠는가?

여기서 한 가지 더 고려할 점은 행복주택을 대량으로
공급하는 방식보다는 소규모로 여러 지역에 공급하는 방
식이 보다 더 적절하다는 것이다. 행복주택 한 채를 짓
더라도 제대로 짓는 것이 제대로 된 방식이다. 공급물량
맞추기에 급급한 방식은 행복주택을 이름만 바뀐 공공임
대주택으로 전락시키는 일이 될 수 있다.

현대사회의 모든 주택정책이 그렇듯이 행복주택은 입
주자가 단순히 거주하는 공간의 의미를 넘어 지역공동체

형성에 이바지해야 한다. 특히 공공의 지원이 전제된 주택사업의 경우에는 이러한 성격이 보다 강조되어야 한다. 관심사항을 공유하는 사람들이 모일 수 있는 공간이 있다는 것은 행복주택을 통한 지역의 장소성 형성에도 기여할 수 있다. 또한 행복주택이 인근 주민들과 호흡을 같이할 수 있는 창구를 가지고 있다는 것은 지역사회권의 범위를 행복주택 밖까지 확대할 수 있다는 점에서 중요하다.

(3) 입주자 맞춤형 설계

대학생·사회초년생의 경우 1인가구의 거주성을 고려한 독신자형(16㎡)과 셰어형(29㎡)을, 신혼부부는 전면 2Bay(Bay: 건물의 기둥과 기둥 사이의 공간)와 가족구성원의 변화에 따라 내부 공간의 변경이 가능한 가변구조를 적용하고, 고령자·주거급여수급자는 무장애시설 및 2인 이상의 다가족 거주를 고려한 설계를 통해 입주자 맞춤형 설계를 시도하고 있다.

◆ 선보 생각: 행복주택의 실내 규모는 어느 정도가 적당할까?

한번은 선보가 행복주택에 거주하는 신혼부부를 만나 면접을 하는
데 그분이 그런다.

"행복주택이 다 좋은데 아이를 낳고 보니 너무 좁아서 이사를 고려
하지 않을 수 없습니다. 누구를 놀러 오라고 말할 수도 없어요."

과연 어느 정도의 실내 규모가 적당한 것일까? 규모는 세대수, 임대
료 등과도 연결될 것이고…. 쉽지 않은 문제다. 선보는 집으로 돌아오
는 내내 미안하기도 하고, 아무튼 마음이 괜스레 편치 않았다.

2-3) 입지자원의 특성

행복주택의 입지는 '대중교통이 편리하거나 직장·학
교가 가까운 곳'이다. 입지와 관련된 행복주택의 일반적
정의를 살펴보면, 서울과 같이 대중교통이 발달된 지역
에서 대중교통의 편리성을 행복주택의 특성 중 하나로
보는 것은 다소 무리가 있다. 행복주택의 입지로서 보다
중요한 것은 직주근접(직장·학교가 주거와 가까운 것)
이다. 기존 공공임대주택은 저소득층에 주택의 양적 공
급을 통한 주거안정화라는 긍정적 효과가 있었으나, 경
제적이고 효과적인 공급을 위하여 대규모 단지개발이 비
교적 용이한 도시외곽에 임대주택을 집중적으로 건설하
여 단지 입주민이 직장까지 출퇴근에 많은 시간과 비용
을 소모하는 한편 임대주택단지가 주변 지역과 어울리지

못하고 고립된 지역으로 남아 있는 문제점이 발생했다.[42]
행복주택은 이러한 문제를 해결 또는 완화하기 위해 직
주근접을 주요 특성으로 한다.

직주근접은 스마트성장 정책(Smart Growth Policy)과
젠트리피케이션(Gentrification)에서 그 중요성이 부각되었
다. 스마트성장 정책은 무분별한 도시확산(urban sprawl)
으로 인한 난개발 문제에 대처하기 위해 1990년대 후반
에 등장한 이론이다.[43] 스마트성장 정책은 일반적으로 10
가지 원칙으로 설명되는데 이 중 보행친화적(walkable)
지역사회 창조, 다양한 교통수단 선택권 제공, 혼합토지
개발(mix land use development), 압축형 건물설계(compact
building code) 등이 직주근접과 관련된다고 할 수 있다.[44]

젠트리피케이션은 도심의 노후화된 주거지역으로 젊고
유능한 새로운 라이프스타일과 도심이나 도심 근처에 거
주함으로써 직주근접을 통해 절약된 출퇴근 소요시간의
적절한 활용을 원하는 중산층이 유입됨으로써 도심의 일
부를 재생시키는 현상으로 최근에는 기존의 주거 젠트리
피케이션에서 그 개념이 점차 확대되어 문화·예술 젠트
리피케이션, 상업 젠트리피케이션 등으로 다양화되고 있
다.[45] 젠트리피케이션은 도시정부의 세원이 증대되며 복
지수요의 감소를 유도하고 주택과 주거환경이 개선된다

는 긍정적 측면과 비자발적인 이주가 발생하여 저소득층들에게 더욱 절실한 주거안정성이 저해될 수 있는 점 등의 부정적 측면을 동시에 가지고 있다. 행복주택을 통해 부정적 측면이 완화된 젠트리피케이션의 모델을 연구할 필요성이 있다.

직주근접은 행복주택의 입지와 행복주택 입주자의 직장 위치를 동시에 고려해야 한다. 행복주택이 도심에 위치하고 있더라도 입주자들의 직장이 도심에서 벗어나 있다면 직주근접을 실현했다고 보기 어렵다. 반대로 행복주택이 도심에서 벗어난 곳에 위치하더라도 입주자들의 직장이 인근에 있다면 직주근접은 실현된 것으로 보아야 한다. 즉 직주근접은 행복주택이 도심에 위치해야 한다는 절대의 개념이 아니라 입주자에 따라 변동 가능한 상대적 개념이다. 또한 거리와 시간 그리고 이동수단을 동시에 고려해야 한다. 자동차보다는 대중교통을, 대중교통보다는 자전거나 도보로 직장을 다닐 수 있다면 직주근접에 보다 더 접근했다고 할 수 있다. 특히 서울처럼 대중교통이 발달한 대도시에서 최고의 직주근접은 도보로 출퇴근이 가능한 경우라고 할 것이다.

지역사회권의 시각에서 직주근접은 지역공동체를 위한 활동의 가능성을 높여줄 수 있다는 점에서 중요하다. 단순히 직주근접으로 절약된 시간을 개인적 일을 위해 사용한다는 것은 지역사회권의 시각에서는 못내 아쉬운 측면이 아닐 수 없다. 절약된 시간과 비용을 지역사회권을 위해 사용할 수 있도록 여건을 마련해 주는 것이 중요하다.

◆ **선보 생각: 신혼집의 위치 & 직주근접의 가치**

낯선 직장 후배들이 조심스레 방문을 열고 들어오는 경우는 대부분 청첩장을 주기 위함이다. 이럴 때 선보가 항상 묻는 것이 "어디에 신혼집을 마련하였는가?"이다. 갑작스러운 질문에 후배들이 당황하기도 하지만 주택을 전공하고 있다고 밝히면 묻지도 않은 말까지 대답해 주곤 한다. 직장에서 가까운 곳을 선호하고 있음을 분명히 알 수 있었다. 맞벌이인 경우 중간 정도에서 집을 구하고 있었다. 최근에 올수록 아내의 직장 쪽에 조금씩 가까워지고 있다는 느낌을 받는다. 그리고 보면 직주근접의 정도를 통해 남녀평등의 정도를 과학적으로 측정할 수도 있을 것 같다. 여기서 분명히 해둘 점은 직주근접의 가치이다. 양적 측면의 가치를 넘어 질적 측면의 가치로 나아가야 한다는 것이다. 단순히 직장이 가까운 곳에 위치하는 것으로는 부족하다. 걸어서 또는 자전거를 타고 출퇴근할 수 있는 곳, 이곳이 바로 직주근접을 양적·질적으로 실현한 곳이라고 하겠다. 이 점에 동의한다면 우리가 추구하는 도시의 모습은 걸을 수 있는 도시, 자전거를 타고 다닐 수 있는 도시이지 강남까지 30분 내로 주파하는 초고속 철도망이 지하를 헤집고 다니는 도시는 아닌 것이다. 많은 사람들의 동의를 얻을 것 같은 선보의 생각은 어찌하여 받아들여지지 않는 것일까?

3. 지역사회권 관점에서 바라본 행복주택

지역사회권의 관점에서 바라본 행복주택은 인적자원·공간자원 및 입지자원 측면에서 다양한 특성을 보이고 있다. 첫째, 인적자원에서 보면 세대 간 혼합, 입주자별 거주기간 및 임대료의 차등 등 동질성보다는 이질성을 바탕으로 하고 있다. 둘째, 공간자원에서 보면 수민공동시설 및 지역편의시설 등 지역공동체를 염두에 둔 공유공간을 두고 있다. 셋째, 입지자원을 보면 직주근접을 지향하는 등 지역사회로부터 고립된 섬이 되지 않도록 배려하고 있다.

행복주택의 지향점은 젊은 층의 주거안정에 머물러서는 안 된다. 지역공동체 형성을 행복주택의 정의와 목적에 포함시켜야 한다. 또한 행복주택에 대한 공공의 지원이 단순히 젊은 층에게 거주할 수 있는 공간을 저렴하게 공급하는 수준에 머물러서는 안 된다. 지역공동체 형성의 촉매제 역할을 함으로써 우리 사회가 안고 있는 다양한 문제의 해결에 행복주택이 모범을 보여주어야 한다. 행복주택사업은 주택공급을 목적으로 하는 기존의 단일목적 사업에서 지역공동체와 연계된 종합적 사업으로의 성격이 강조되어야 한다.

지역사회권의 시각에서 행복주택을 재정의하면 행복주택

이란 '직주근접이 가능한 부지에서 젊은 층과 고령자·주거급여수급자 등이 더불어 살아가는 지역공동체를 지향하는 새로운 유형의 공공임대주택'이라고 할 수 있다.

◆ 선보 생각: 모든 공간은 지역공동체 형성에 이바지해야 한다.

행복주택을 포함한 모든 주택, 거기서 더 나아가 모든 주택을 포함한 모든 공간은 지역공동체 형성에 이바지해야 한다. 이는 모든 인간이 공동체 형성에 이바지해야 하는 것과 다를 바 없다. 개인 소유의 단독주택을 개방하라고 강요할 수는 없지만 스스로 열도록 유인할 수는 있다. 개인 소유의 단독주택의 담을 강제로 허물 수는 없지만 스스로 무너뜨리도록 유도할 수는 있다. 이것이 바로 주택정책의 몫이다. 하물며 공공의 자원이 들어간 주택이나 건물이야 더 이상 무엇을 말하랴. 선보는 이렇게 묻고 싶다. "파출소에 아이들이 드나들 수 있는 작은도서관이 있으면 왜 안 되는가?"

현대사회에서 모든 주택은 지역공동체 형성에 이바지해야 한다. 이것은 물러설 수 없는 현대 주택정책의 대원칙이다. 여기서 한 발짝이라도 물러나는 그 순간 그리고 그 지점부터 주택정책은 무너지는 것이다.

2장

행복주택단지의 지역사회권 형성을
위한 정책방안

현재 행복주택의 지역사회권은 잠재성을 가지고 있음에도 아직 발현되지 못하고 있다. 과거의 지역공동체처럼 시간의 힘에 의지할 수도 없다. 정책이 필요한 이유다. 이 책에서 정책이란 공공 부문이 행복주택의 인적자원, 공간자원, 입지자원, 프로그램자원 등을 활용하여 행복주택의 입주민들이 우리의 문제를 우리의 고민으로, 우리의 실천으로 우리 스스로 해결해 나가는 지역사회권의 궁극적 상태에 도달할 수 있도록 돕는 것이다.[46]

1. 인적자원의 활용을 통한 형성방안

(1) '작은' 경제적 관계망 형성:
경제적 보상·유인의 활용

지역사회권의 최종 모습 중 하나는 '작은' 경제적 관계망이다. 경제적 관계망은 경제적으로 부족함이 없는 계층이 거주하는 지역에서만 형성되는 것은 아니다. 경제적으로 부족한 계층들이 서로 어울려 사는 곳에서도 경제적 관계망은 얼마든지 형성될 수 있다. 오히려 형성 가능성이 높을 수도 있다. 지역사회권이 지향하는 경제적 관계망은 어마어마한 돈 거래가 오고 가는 곳이 아니라 옆 사람의 부족함을 소박한 경제적 보상을 받고 채워주고, 나의 부족함을 소박한 경제적 보상을 주고 채우는 것이다. 그래서 '작은' 경제적 관계망이다.

행복주택 입주자들의 소득수준은 전통적 공공임대주택인 영구임대·국민임대 입주자들보다 높으나 넓은 범위에서는 역시 주거취약계층이다. 영구임대·국민임대와 달리 젊은 층의 입주가능기간은 6년이다. 6년 안에 주거취약계층에서 벗어나야 한다. 소득수준의 향상이 퇴거조건도 아니다. 당연히 경제적 보상·유인에 민감할 수밖에 없다. 민감하다는 것은 지역사회권 형성을 위해서 유용한 정책수단으로 활용할 수 있다는 것을 의미한다.

입주민들이 공간사용에 따른 전기료, 수리비 등 관리비에 엄청나게 민감하게 반응해서 조심조심할 수밖에 없다는 점은 관리소장들의 일치된 견해였다. 작은도서관의 개관에서도 관리비가 어느 정도 인상되는지가 주요 관심사였다고 한다. 주차장의 개방에 있어서도 무료로 개방하는 것보다 저렴하게 개방하는 것에 찬성 비율이 크게 상승했다. 경제적 유인을 통한 정책의 효과성이 상당히 높을 것이라는 것을 확인할 수 있다. 이러한 경제적 관계망은 지역사회권의 지속성에도 긍정적 영향을 미칠 것으로 보인다. 예를 들어 몸의 거동이 불편한 고령자를 대신해 마트에서 먹을거리를 사 오는 사회초년생이 있다고 가정해 보자. 자원봉사에 의존하는 것은 지속성을 가지기 어렵다. 그저 자원봉사로 하는 경우와 고령자로부터 약간의 수고료를 받거나 임대료 또는 관리비를 낮춰 주는 경우 중 어느 쪽이 보다 지속가능할 것인가? 자원봉사를 통한 연계는 착한 사회초년생이 행복주택을 나가면 또 다른 착한 사회초년생이 나타날 때까지 기다려야 한다. 기다림은 관계망이 끊어질 가능성을 높인다. 하지만 유료 봉사는 사회초년생이 행복주택을 나간다 하더라도 또 다른 사회초년생에 의해 이어질 가능성이 높아 지역사회권의 제도화에 기여할 것이다.

물론 서비스 비용은 시장가격보다 낮은 수준, 즉 수용

자의 부담가능성(affordability)을 고려해야 할 것이다. 또한 관계는 일방적인 것보다 쌍방적인 것이 좋다. 상호 경제적 유인을 제공함으로써 관계의 끈을 단단하게 하는 것이다. 고령자부부가 맞벌이를 하는 신혼부부의 어린아이에게 작은도서관에서 옛날이야기를 들려주고, 신혼부부는 고령자부부가 매일 먹는 건강식품을 사다 주는 것과 같은 관계망이 바로 지역사회권이 추구하는 '작은' 경제적 관계망이다.

◆ 선보 생각: '작은'의 참뜻

작은 경제적 관계망에서의 '작은'은 단순히 귀여운, 가냘픈 등의 약(弱)의 의미가 아니다. 양적으로 보면 규모가 작다는 뜻이기도 하지만 보다 정확하게 말한다면 클 필요가 없다는 뜻이다. 질적으로 보면 알차다는 의미라고 할 수 있다. 단단한 줄 하나에 의존하는 외줄 타기가 아니라 거미줄처럼 촘촘한 관계가 층층이 쌓여 있는 그런 의미에서의 '작은'이다.

연구단지에 있는 작은도서관의 관장에 따르면 작은도서관의 운영비로 월 15만 원 정도가 소요된다고 한다. 단지의 잡수입으로 이를 충당하고 있으며, 개인당 월 200원 정도의 관리비가 인상되었다고 볼 수 있다면서 다음과 같이 말했다.

"이 정도 인상으로 이 정도의 도서관을 옆에 둔다는 것은 엄청난 일이죠."

선보는 깨달았다.

'작은'의 힘이 '큰'의 힘보다 클 수 있다는 것을.

(2) 입주자 간 이질성의 장점 극대화: 일자리 창출을 통한 상부상조

행복주택은 동질성이 아니라 이질성을 특성으로 한다. 젊은 층만을 위한 청년주택도 아니고 고령자만을 위한 고령자주택도 아니다. 이질적인 입주자 간에 세대·계층의 혼합을 지향하는 잡종(hybrid)이다. 행복주택 입주자 간에 주택의 구조, 임대기간, 임대료 등 대부분이 이질적이다. 이러한 이질감이 가져오는 긴장감을 지역사회권 형성을 위해 활용할 수 있어야 한다. 같은 것은 섞여도 결국 덩치만 커질 뿐이지만, 다른 것끼리 섞이면 완전히 새로운 것이 될 수 있다. 다름은 서로의 빈 공간을 채워줄 수 있는 모양새를 가지고 있다.

안타까운 것은 입주민들이 아직까지 이질성을 거의 인식하지 못하고 있으며 이질성보다는 동질성을 통한 사회적 관계망을 선호하고 있다는 점이다. 하지만 이질성은 서로 주고받음으로써 서로의 빈 공간을 채워주는 상부상조의 가능성을 높인다. 빈틈은 같음이 아니라 다름을 통해 메워질 수 있다.

신혼부부가 결혼을 앞둔 사회초년생에게 신혼살림을 저렴하게 마련하는 노하우를 알려주는 경우, 직장에 다니는 사회초년생이 자신이 다니는 직장의 신입사원 모집

정보를 취업을 앞둔 대학생에게 알려주는 경우 등 서로의 정보를 교환하는 장이 마련될 수 있다. 이질성은 정보의 가치를 높여준다. 또한 일자리는 동질성이 아니라 이질성에서 나온다. 이질성의 장점을 일자리 창출을 통해 극대화할 수 있어야 한다. 독일 중부의 대학 도시 괴팅겐의 세대공존 하우스의 사례를 통해 그 가능성을 살펴보면 아래와 같다.

> 남는 방을 학생들에게 임대하는 쿠레 씨네 집에 학교의 소개로 대학생 마리아 씨가 찾아온다. 괴팅겐 시는 혼자 사는 노인들의 빈방을 학생들에게 연결해 주는 프로젝트를 진행 중이다. 그런데 이들의 계약방식이 독특하다. 단순히 돈을 주고받는 계약이 아니라 학생이 집안일을 돕는 종류와 시간에 따라 월세가 차감된다. 집안일의 종류도 가벼운 청소를 비롯해서 정원 가꾸기, 유리창 청소, 동물 돌보기, 문서·서신 작성, 외출 동행 등 다양하다. 마리아 씨는 집 안 청소와 정원 가꾸기, 동물 돌보기, 이 세 가지 일을 선택하고 월세의 절반을 아꼈다. 이렇듯 '세대공존 하우스'는 경제적으로도 서로에게 이득이다. 이 주거공유방식은 현재 독일의 많은 지역에서 시행되고 있다.[47]

지역사회권의 형성 여부는 결국 일자리가 만들어질 수 있는가에 달려 있다. 지역사회권에서 말하는 일자리는 거창한 것이 아니다. 위의 사례에서 보듯이 지역주민과 지역사회에 관심과 애정이 있는 사람이라면 누구나 할 수 있는 일을 통해 지역사회에 봉사하면서 소박한 수입을 얻어 서로의 삶을 윤택하게 하는 것이다. 또한 숨어 있는 투박한 재능을 밖으로 끄집어내어 서로 주고받음으로써 서로가 서로의 빈자리를 채워주는 것이 바로 지역사회권 일자리다.

지역사회권에서의 재능은 아주 작은 것에서부터 시작한다. 남들보다 망치질을 잘하는 것도 재능이 될 수 있다. 대학생의 경우 인근 초·중·고 학생들과 과외를 매개로 연결될 수 있다. 저렴한 과외를 통해 서로가 윈윈하는 것이다. 부모의 경제적 사정으로 과외를 받을 수 없거나 학원에 갈 수 없는 학생을 둔 가정에 행복주택의 존재는 보석처럼 빛날 것이다. 행복주택 대학생 협의회(가칭)에서 행복주택의 주민공동시설 또는 지역편의시설을 이용하여 그룹과외를 실시할 수도 있다. 그 수익금의 일부를 행복주택에 사용료로 납부함으로써 입주자 전체의 임대료 인하를 유도하는 부수적 효과도 얻을 수 있다. 고령자는 취학 전 자녀를 둔 맞벌이 신혼부부가 늦게 퇴근해야 하는 경우 아이를 돌보아 줌으로써 수입을 얻을 수 있을 것이고, 사회초년생은 일주일에 한 번 고령자가구에 먹을거리를 사다 주고 수입을 올릴 수 있을 것이다. 또한 저소득계층에게는 게스트하우스 청소, 쓰레

기 분리수거 지원, 주민공동시설 및 지역편의시설 정리
정돈 등 아르바이트 성격의 일자리를 우선적으로 지원할
수 있다.

지역사회권에서 말하는 일자리는 부업으로서의 일자리,
아르바이트 성격의 일자리이지만 노동으로부터 자유로운
일자리이자 인간이 중심이 되는 일자리다. 일하는 것은
인간의 권리이자 의무이다. 하지만 4차 산업혁명 시대의
일자리는 갈수록 줄어들 수 있다. 어쩌면 지역사회권 일
자리가 이에 대한 해답을 제공할 수도 있을 것이다.

(3) 자치조직의 결성 및 운영: 사회적자본 형성

현재 행복주택 시범단지에는 20세대 이상의 공공임대
주택단지에서 동별 세대수에 비례하여 선출한 동별 대표
자로 구성하는 임차인대표회의[48]를 포함한 자치조직이 결
성되어 있지 않다. 임차인대표회의는 임대사업자와 협의
하여 임대주택 관리규약의 제정 및 개정, 관리비 조정,
임대주택의 공용부분·부대시설 및 복리시설의 유지·보
수, 그 밖에 민간임대주택의 하자보수 등 유지·보수·관
리 등에 필요한 사항 등을 결정한다. 공동주택에서 이처
럼 입주민들의 의견을 수렴하여 결정하여야 할 사항들이
입주(대표)자와의 협의 없이 진행되고 있는 것은 문제다.

민주적 의사결정은 지역사회권 형성의 기본 전제다. 이에 두 가지 방안을 제시하고자 한다. 하나는 직접민주주의의 도입이다. 참여하면 내 의견을 관철할 수 있고, 참여하지 않으면 내 의견을 관철할 방법이 없는 것이 직접민주주의다. 서로 얼굴을 알 수 있는 규모, 다수결에서 한 표의 차이가 결정적 역할을 할 수 있는 규모라면 직접민주주의를 통해 행복주택의 집단의사결정을 이루어 나가는 것도 가능할 것으로 본다.

다른 하나는 조합주의(Corporatism) 및 코하우징(Cohousing)의 의사결정방법을 응용하는 것이다. 참고로 코하우징의 의사결정방법인 만장일치제의 의미를 살펴보면 아래와 같다.

코하우징에서는 주민들 스스로 청소, 건물의 유지관리에서부터 안전, 비용, 사교모임에 이르기까지 모든 것에 관해서 공동으로 결정한다. 이러한 결정 사안에 대해서 대부분의 코하우징에서는 다수결보다는 만장일치 방식을 사용한다. 만장일치는 상정된 사안이 확정되기 전에 모든 회원이 찬성해야 한다는 의미이다. 만장일치는 다수결로 결정된 사안에 소수그룹이 느끼게 될 좌절감과 불만을 방지하고자 하는 모델이다. 일반적으로 만장일치식

의사결정에서는 다수결 방식보다 시간이 많이 걸리지만 코하우징 주민들은 그 과정에 가치를 둔다. 만장일치로 의견이 모아지지 않는 경우에는 그 사안의 결정을 연기하여 집에 가서도 다시 생각할 시간을 가지고 다시 의결에 부친다. 그러면 생각하는 동안 마음이 바뀔 수도 있고 더 나은 대안이 나올 수도 있기 때문이다. 이러한 과정은 안건을 한 번에 부결로 처리하지 않고 다른 사람들의 의견을 듣는 동안 주민들이 각기 다른 견해의 가치를 알게 되고 주민 간의 단결을 더욱 강화시켜 준다.[49]

이를 행복주택단지에 구체적으로 응용해 보면 대학생, 신혼부부, 사회초년생, 고령자, 주거급여수급자 등 입주자별로 각각의 대표를 구성하여 합의(만장일치제)를 통해 행복주택단지의 집단의사결정을 하는 것이다.[50] 각 대표들은 자신이 속한 세대, 계층의 이익을 최대한 반영하기 위해 노력할 것이고 이런 과정의 반복을 통해 의견을 수렴해 나갈 수 있을 것이다. 또한 집단적 의사결정과정에 참여함으로써 입주민들은 서로를 알게 되어 친숙감을 느끼고, 주인의식을 함양하며 신뢰와 같은 사회적자본을 형성할 수 있을 것이다. 무슨 일을 맡기고 싶어도 서로 간에 신뢰가 없다면 어려운 일이다. 신혼부부가 어린아이를 이웃집 할머니에게 맡기고 영화를 보러 가고 싶어도 할머니에 대한 믿음이 없으면 불가능하다. 할머니의 입장도 매한가지다. 혹시나 실수로 어린아이가 다친 경우 신혼부부가 책임지라고 다그친다면 누가 이런 관계망에 들어오겠는가?

그렇다면 신뢰와 같은 사회적자본을 어떻게 형성할 것인가? 앞으로 엄청난 고민이 필요한 분야라고 할 것이다. 특히 사회적자본을 형성해 나가는 과정으로서 행복주택단지에서 지켜야 할 규범을 합의를 통해 만드는 것이 중요하다. 공동세탁실에서 일어나는 갈등, 쓰레기 분리수거에서 일어나는 갈등 등을 해결 또는 완화할 수 있는 공동규약을 만들고 이를 지킬 수 있도록 한다면 신뢰할 수 있는 관계망이라는 사회적자본을 만들 수 있을 것이다. 이러한 신뢰를 바탕으로 한 관계망은 지역사회권 일자리를 창출하는 데도 도움이 될 것이다.

참고로 참여·교류에 대한 설문 결과를 살펴보면, 의식수준을 묻는 비교적 추상적인 참여·교류에 관한 질문에서는 높은 점수의 값이 나왔지만 구체적으로 계층별 대표, 입주자 대표 등을 맡아 행복주택의 일에 참여할 의사에 대해서는 주저하고 있음을 알 수 있었다. 대표를 맡은 사람들에게 일정한 수당의 지급 또는 임대료·관리비 인하의 혜택을 부여함으로써 적극적 참여를 유도할 필요가 있다고 하겠다. 심층면접에서도 사회초년생과 신혼부부의 경우 일정한 혜택이 주어진다면 참여할 의향이 있다는 견해를 보였다. 물론 대표를 맡았다고 임대료, 관리비의 엄청난 할인을 해주라는 것은 아니다. 행복주택 주민들이 당신이 하는 일의 수고스러움을 인지하고 있다는 정도면 충분하다.

지역사회권은 일방적 희생 또는 일방적 봉사를 요구하지는 않는다. 아무것도 안 주는 것도 문제지만 그렇다고 한몫 잡는 식의 대가도 문제다. 합당한 대가를 지불해야 한다. 그래야 지속된다.

◆ **선보 생각: 사회적자본의 참뜻**[51)]

사회적자본에 대해서는 다양한 논의가 있다. 아래의 세 가지 사례를 통해 사회적자본을 느낄 수 있었으면 한다.

하나, 콜만(Coleman)이 들고 있는 사회적자본의 사례이다.

다이아몬드 도매상이 거래할 때는 한 상인이 다이아몬드 원광석이 가득 든 가방을 자신의 거래처 상인에게 그냥 주고 가는 경우가 흔히 있다. 상대방이 시간 날 때 원광석을 차근차근 살펴보고 값을 매기도록 하기 위함이다. 만약 다이아몬드를 맡은 쪽에서 나쁜 마음을 먹는다면 진품 하나를 빼돌리고 가짜 모조품으로 바꿔치기하는 것이 얼마든지 가능하다. 이에 대한 다른 안전장치는 없다. 게다가 이 물건들은 수십만 달러 상당의 값어치가 나간다. 그런데 뉴욕의 다이아몬드 도매

시장을 주름잡고 있는 유대인들은 자기들끼리의 긴밀하고 신뢰 어린 관계를 이용해서 이런 식의 거래를 한다. 그들은 브루클린에 커뮤니티를 형성해 살면서 끼리끼리 결혼하고 또 같은 유대교회당을 다닌다. 그들은 같은 민족으로서의 정체성을 갖고 또한 가까운 가족 관계로 얽혀 있다. 이러한 관계가 위와 같은 신용거래를 가능하게 해준다. 만약 공동체 내의 누군가가 다이아몬드 거래를 하면서 상대방에게 사기를 친다면 그는 지역사회와 종교 커뮤니티로부터 영원히 추방될 것이다. 이러한 신용거래는 시장 기능을 원활히 하고 교환 행위의 효율성을 높인다. 신뢰라는 사회적자본이 경제의 효율성을 높이는 것이다.

둘, 퍼트남(R. Putnam)이 콜만의 사회적자본의 개념을 국가와 정치의 영역에 적용한 사례를 살펴보자.

퍼트남은 이탈리아의 북부 지역('롬바르디아'와 '에밀리아로마냐')이 남부 지역('바실리카타'와 '칼라브리아')에 비해 경제 발전과 지방정부의 성취도 등에서 훨씬 앞서게 된 것은 북부 지역이 오래전부터 협동조합이나 상조회, 문화적 결사체가 활발하게 조직될 정도로 시민 참여의 전통과 공동체 문화가 발달했기 때문이라고 설명한다. 그는 결사체의 빈도, 투표 성향 등으로 나타나는 시민공동체의 발달 정도가 오늘날 경제 발전의 정도와 밀접한 상관관계를 보인다고 주장하면서, '예전의 경제적 풍요로움이 오히려 시민 참여의 전통을 낳은 것은 아닌가'라는 역의 인과적 가능성에 관해서는 역사적 자료를 근거로 기각하고 있다. 다시 말해 북부 지역은 경제 발전이 원인이 되어 시민 공동체의 분위기가 형성된 것이 아니라 신뢰와 협력의 정도가 높은 공동체 문화의 전통 때문에 경제·사회적 발전이 이루어졌다는 것이다.

셋, 드라마 <나의 아저씨>에서 박동훈이 자신의 일거수일투족을 도청한 이지안과 나누는 이야기를 들어보자.

지안: 진짜 내가 안 미운가?
동훈: 사람 알아버리면, 그 사람 알아버리면, 그 사람이 무슨 짓을 해도 상관없어. 내가 너를 알아.
지안: 아저씨 소리 다 좋았어요. 아저씨 말, 생각, 발소리 다. 사람

2. 공간자원의 활용을 통한 형성방안

(1) 공용시설의 접근성 제고

LH강남3단지의 경우처럼 동을 마주 보도록 하여 열린 마당(Common Field)을 만들기는 어렵더라도 최소한 입주민의 동선을 고려한 설계가 필요하다. 지하나 1층에서 승강기를 타고 곧바로 자신의 집에 들어가는 구조보다는 자신의 집으로 들어가기 전에 마루 또는 마당의 역할을 하는 주민공동시설 등 공용시설을 거쳐서 들어갈 수 있는 설계가 필요하다. 예를 들어 자신의 집으로 들어가기 전에 작은도서관을 거쳐야 한다면 작은도서관은 도서관 이상의 역할을 할 수 있을 것이다. 공용시설은 일부러 시간을 내서 찾아가야 하는 공간이 아니라 자연스럽게 잠시 쉬어 가며 주민들 간에 이야기를 나눌 수 있는 공간이 되어야 한다. 행복주택단지의 모든 공간은 단순히 지나가는 곳이 아니라 사람들이 만나 교류할 수 있는 공간이 되도록 설계해야 한다. 연구대상 단지 중 마당과 유사한 중정이 존재하지만 전혀 이용되지 못한 채 방치

되고 있는 경우도 있었다. 오히려 건물 상가와 주차장으로의 사용 여부를 두고 갈등하고 있는 것은 지역사회권 형성 측면에서 아쉬운 일이 아닐 수 없다.

(2) 공간의 개방성 확대

주민공동시설 및 지역편의시설의 경우 개방성을 확대할 필요가 있다. 주민 및 지역편의시설의 개방성 확대는 님비현상(NIMBY: Not In My Back yard)을 핌피현상(PIMFY: Please In My Front yard)으로 전환하여 지역사회권 형성에 기여할 것이다. 주민공동시설의 경우 행복주택 입주자들의 이용을 전제로 설계되었으나 지역주민에게 개방하는 것이 가능한지 여부에 대한 검토가 필요할 것이다. 연구대상단지 중 한 곳은 작은도서관, 공동세탁실 및 놀이터의 경우 행복주택 주민들만 이용하는 주민공동시설로 설계되었으나 지역주민도 이용하는 지역편의시설로 개방의 범위를 넓힘으로써 공간의 활용도를 높이고 지역사회권의 범위를 확대하고 있었다.

작은도서관의 경우 도서 대출은 행복주택단지 입주민에게만 해주고 있었지만 지역 주민들도 작은도서관을 이용할 수 있도록 개방하고 있었다. 놀이터는 행복주택단지의 경우 어린이가 거의 없어 이용률이 높지 않으나 인근 단지의 어린이들이 많이 이용하고 있다고 한다. 놀이터 시설의 고장 시 관리비의 증가 문제, 놀이터 사고 시 책임 문제 등이 있어 지역사회에 개방하는 것에 대한 우려가 있었으나 심층면접에서 고령자는 아이들이 뛰어노는 모습을 보면 사람 사는 것 같아서 좋다고 했다. 이를 통해 사회적 혼합(Social Mix) 특히 세대혼합의 필요성을 확인할 수 있으며 개방이 가져다주는 긍정적 외부효과에는 눈에 보이지 않는 것도 포함됨을 알 수 있다. 또한 게스트하우스의 경우 행복주택 입주자의 이용신청이 없을 때에는 외부에 개방함으로써 수익도 올리고 이웃 주민과의 교류도 증대할 수 있을 것이다. 그렇다고 무조건 개방하자는 것은 아니다. 사생활이 보호되는 영역은 철저히 지켜져야 하지만 그 외의 부분에 있어서는 개방성을 확대하자는 것이다.

주민공동시설과 지역편의시설 사이에 굳게 닫혀 있는 철문은 개인의 사생활 보호와 공간의 개방성 간의 상충에 대해 사생활 보호를 위한 폐쇄라는 단순한 해결책을 보여준다. 지역편의시설 이용자, 특히 아이들이 행복주택 복도에서 이리저리 뛰어다니는 등 사생활이 침해되는 것을 막기 위해 입주민들의 건의로 설치한 철문은 결국 지역편의시설을 행복주택 주민들과는 별개의 시설로 자리

잡도록 하여 지역주민만 이용하는 시설로 전락하도록 만들었다. 야마모토 리켄이 개별 주택의 현관문을 유리문으로 바꾸는 방안을 제안했듯이 주민 및 지역편의시설 등 공용시설의 문을 유리문으로 바꾸거나 문이 없는 공간으로 만들 필요가 있다. 다목적실, 주민카페, 공동세탁실의 경우 유리문 또는 문이 없는 24시간 개방공간으로 만든다면 보다 많은 입주민들이 안심하고 활용할 수 있을 뿐만 아니라 시설의 안전한 관리에도 도움이 될 것이다. 사생활 보호와 개방성이 충돌할 때 어느 쪽을 선택할 것인가는 결국 주민이 선택할 사항이다. 이러한 선택의 상황에서 주의할 점은 양자택일의 관계로 몰아가서는 안 된다는 점이다. 양자 간의 조화와 균형을 찾아내는 노력이 필요하다.

(3) 개방공간의 유료화

지역사회권은 사생활의 일방적 포기가 아니다. 대가가 없는 일방적 희생으로 지역사회권을 형성한다는 것은 불가능하다. 공간을 개방함으로써 얻는 이익이 사생활을 포기함으로써 인내해야 하는 불편함을 넘어서야 지역사회권이 형성될 수 있다. 이를 위해 개방공간의 유료화를 검토할 필요가 있다. 심층면접에서 사회초년생들은 공동세탁실의 경우 지역주민이 이용함으로써 단지의 수입이 증가되는 효과를 얻고 있다며 더 많은 사람들이 이용할 수 있었으면 좋겠다고 했다. 또한 주차장의 여유 공간을 이웃 주민에게 저렴한 사용료를 받고 개방한다면 이웃 주민들은 주차비를 줄일 수 있고 행복주택 입주자들은 주차장 사용료를 통해 관리비 등을 절감할 수 있을 것이며,[52] 행복주택단지와 이웃 간의 교류를 증대시켜 지역사회권 형성에도 기여할 수 있을 것이다. 행복주택 입주자와 지역주민들이 저렴한 사용료를 부담하고 이용할 수 있도록 지역편의시설의 개방시간을 확대하여 유휴공간으로 있는 시간을 줄일 필요가 있다. 이러한 개방공간의 유료화는 행복주택 입주자 스스로 활용 가능한 재원확보를 통해 다양한 공동체 활동 프로그램을 실천할 수 있는 기반이 될 수 있다.[53]

(4) SNS(Social Networking Service) 등 가상공간의 활용

SNS는 목적, 지역, 취향, 연령, 직업에 따라 전 세계적으로 수많은 네트워크 서비스를 제공하고 있다. 현대인들은 SNS를 통해 과거 SNS가 존재하지 않았을 때보다 무려 1,000배가 넘는 의사소통을 하고 있다고 한다. 사람 사이의 이처럼 긴밀한 연결과 소통은 전에 없던 초연결사회를 만들고 있다. 흩어져 있던 독립적·개별적 인간이 초연결 SNS를 통해서 네트워크형 인간으로 변모하고 이들이 다시 자기조직화 하면서 초생명으로 발전하는 등 인간은 전혀 새로운 형태의 진화를 꾀하고 있고 이런 과정의 근간이 되고 있는 것이 바로 SNS라고 한다.[54] 전통사회의 공간이 단순히 물리적 공간을 의미했다면 현대사회의 공간은 물리적 공간에 가상공간이 더해진다. 가상공간에서 활발한 소통과 교류가 이루어질 수 있도록 다양한 SNS를 활용할 필요가 있다.[55] 가상공간에서 이루어지는 다양한 정보의 교류 및 축적은 사회적자본인 신뢰의 형성에 기여할 것이다.[56] 참고로 한 행복주택단지의 경우 주변 단지의 주민과 함께 약 5천4백 명이 가입한 'ㅇㅇ마을 온라인 카페'와 행복주택 주민 93명이 가입한 밴드 모임이 존재하고 있다. 사회초년생들에 따르면 ㅇㅇ마을 온라인 카페에서는 중고품 매매 등이 비교적 활발히 이루어지고 있지만 행복주택 밴드 모임은 그리 활발하지는 않다고 한다.

인간은 공간을 만들고, 공간은 인간을 만든다. 양자의 영향력은 상호적이고 순환적이다. 행복주택 등 공공임대주택이 님비에 의해 좌절되는 경우를 자주 접한다. 안타깝다고들 한다. 하지만 그곳이 자기 집 앞이라면 그래도 안타까울까? 호모 사피엔스는 공공임대주택이라는 새로운 공간이 자기 집 앞에 들어오는 것은 막고, 남의 집 앞에 들어가는 것은 묵인하는 뻔뻔하고 모순된 인간으로 급속히 진화하고 있다.

도시계획은 수순이다. 공공임대주택이 자리를 잡은 후에 민간분양주택이 들어서도록 해야 한다. 자신이 알고 선택했으니 할 말이 없도록 만들어야 한다. 그렇다면, 이미 민간주택이 떡하니 자리 잡은 곳에 공공임대주택이 비집고 들어가야 하는 상황이라면? 답이 보이지 않는다. 다만 이미 상당한 정도로 지역공동체가 형성되어 있었던 연구대상단지의 경우에는 중학교 부지였던 곳에 비교적 쉽게 행복주택이 자리 잡을 수 있었다고 한다.

이야기를 추상에서 구체로 가져오기 위해 작은도서관에서 행복주택단지의 공동 문제를 해결하기 위해 시끌벅적 열띤 토론을 하고 있는 모습을 상상해 보자. 책을 앞에 두고, 그것도 아이들이 책을 읽는 공간에서 다투는 어른스럽지 못한 어른은 드물다. 책이 항상 우리 곁에 있다는 것, 책으로 둘러싸여 있는 곳에서 지역 현안을 논의한다는 것, 그곳에서 지역공동체를 위한 합의점이 도출된다는 것은 가슴 벅찬 일이다. 그런 공간에서 그런 사람들과 어울려 살고 싶다.

3. 입지자원의 활용을 통한 형성방안

(1) 직주근접의 강화 및 활용

직주근접은 통근수단, 통근거리, 통근시간, 통근비용 등을 종합적으로 고려하여 판단하여야 하는 문제다. 지역사회권의 시각에서는 환경친화적 교통수단, 줄어든 통근거리 및 시간과 비용을 직주근접에 보다 접근했다고 평가한다. 이러한 점을 종합적으로 고려하면 자가용 함께 타기(Car Pool)는 자가용을 혼자 이용하는 것에 비해 직주근접도가 높다고 하겠다. 현재 자가용을 보유한 대학생은 입주자격 자체가 없다.

또한 현재 자가용을 보유한 대학생의 입주자격을 제한하는 것은 다음과 같은 이유를 고려할 때 신혼부부, 사회초년생, 고령자, 주거급여수급자 등 다른 입주자에게도 확대할 필요가 있다. 첫째, 행복주택 내 주차공간의 부족은 자칫 주변 지역주민과의 갈등을 유발할 수 있다. 둘째, 주차공간을 편의시설 등으로 활용한다면 주민들의 호응도를 높일 수 있을 것이다. 셋째, 지하 또는 1층에 건설해야 하는 주차공간을 건설하지 않게 되면 건설비를 대폭 줄일 수 있다. 넷째, 자동차가 없다는 것은 소득을 아끼고 있다는 것, 즉 미래에 주택의 자가소유를 준비하고 있다는 것을 의미한다는 점에서 행복주택의 주거사다리 역할에도 일정 부분 도움이 될 것이다.[57]

직주근접을 위한 노력은 출퇴근 시간을 줄이는 것에서 멈추어서는 안 된다. 지역사회권의 시각은 단순히 통근시간이 줄어들었다는 점보다는 직주근접을 통해 줄어든 시간을 어디에 활용하느냐에 중점을 둔다. 서울같이 대중교통이 발달한 지역에서 직주근접은 입지의 문제이자 입주자 선발의 문제이기도 하다. 행복주택이 도심에 위치하는 것으로 직주근접의 요건을 달성했다고 보는 것은 적절치 않다. 실제 거주하는 입주자가 인근의 직장을 다니고 있어야 한다.

현재 행복주택의 입주자 선발요건을 보면 서울에 거주하면 서울 어느 곳의 행복주택도 입주가 가능하다. 대학 또는 직장을 다니는 대학생, 신혼부부, 사회초년생 등의 경우에는 중앙에서 일괄 선발한 후 행복주택의 배치는 직주근접을 고려하여 배치하는 방안, 직주근접에 일정 점수를 부여하여 추첨제를 보완하는 방안 등을 검토할 필요가 있다. 지역사회권의 시각에서 본다면 직주근접으로 절약된 시간을 단순히 개인을 위한 취미활동 등에 활용하는 것은 낭비에 가깝다. 자신이 가진 재능을 일자리 또는 봉사활동과 연결시켜 주어 지역사회권 형성을 위한 활동에 활용하도록 유인하여야 한다.

◆ 선보 생각: 자가용

자가용을 어떻게 바라볼 것인가? 도시의 무수한 문제가 자가용으로 인해 발생한다. 이는 자가용을 잘 다루면 우리 도시를 보다 살기 좋은 곳으로 가꿀 수 있다는 것을 의미한다. 하지만 자가용을 통제한다고 하면 바로 시대착오적이라고 반발할 사람들이 많을 것이다. 해도 해도 너무한다고 할 것이다. 하지만 가야 할 길이라면 가야 한다. 언젠가 우리 도시를 갈라놓으며 공간을 단절시켜 놓은 자동차도로는 자전거도로가 될 운명의 날이 올 것이다.

행복주택 입주민들의 자가용 사용을 억제하기 위한 방안을 생각해 본다.

하나, 자가용이 없는 주민에게 입주 우선권을 주는 것이다.

둘, 자가용이 없는 주민에게 임대료를 할인해 주는 것이다.

셋, 직장인, 대학생의 경우 같은 기초자치구 내에 직장 또는 학교가 존재하는 사람들에게 입주 우선권을 주는 것이다. 기초지자체장의 경우에도 자기 지역주민의 지지를 얻을 수 있으므로 적극적으로 행복주택 건설에 나설 수 있을 것이다.

걸어 다니는 것이 여러모로 유익한 환경(자가용에서 멀어지는 환경)을 만들어주면 굳이 자가용을 몰고 막히는 도로로 나오지 않을 것이다. 서강대교의 좁은 인도 폭을 걸으면서 선보는 생각한다.

"이걸 두 발로 걸어 다니라고 만든 것 맞나?"

서강대교의 차도를 줄여서라도 인도를 넓혀야 한다. 그리고 서강대교의 설계 및 시공에 관여한 자들을 맨 앞에 세워놓고 선포해야 한다.

"오늘부터 사람이 걸어 다니는 길이 차가 달리는 길보다 항상 우선 한다!"

(2) 주변 지역사회와 공생활동 강화

지역사회권은 주변 지역사회와의 협력을 통한 작은 경

제권의 실현을 추구한다. 인근 상가의 경우 행복주택 주민들에게 소폭의 할인율을 적용해 준다면 행복주택 주민들의 이용률을 높이고 상가의 매출은 증가하여 지역상권이 더 활성화되는 선순환의 고리를 만들 수 있을 것이다. 또한 대형상가 대신 주변상가를 이용하도록 유도하여 골목상권을 지키는 데 힘을 보탤 수 있을 것이다. 한 행복주택단지의 경우 행복주택 건물에 있는 호프집과의 갈등이 존재하고 있었다. 주민들은 시끄러워 생활에 방해가 된다고 하고, 상가 주인은 행복주택의 공간을 주차장으로 쓰고 싶어 했다. 이러한 갈등은 어느 한쪽의 일방적 주장을 받아들인다면 해결할 수 없을 것이다. 상생할 수 있는 방안을 찾아야 한다. 그 시작은 행복주택 주민들에게 맥주를 조금만 저렴하게 판매하는 것에서 시작될 수 있을 것이다.

대학교의 경우에도 행복주택의 지역사회권 형성에 동참해야 한다. 대학교는 기숙사 부족 문제를 일정 부분 완화해 주고 있는 행복주택에 보답을 해야 한다. 대학교는 엄청난 인적자원의 보고다. 피트니스센터에서 체육학과 학생이 자원봉사를 할 수도 있고, 사회복지학과 학생이 고령자를 돌보는 봉사활동을 할 수도 있다. 대학교가 학생들에게 실습 점수를 부여한다면 학생들의 참여를 유도할 수 있을 것이다. 아래의 신문 기사는 행복주택과 대학교 간의 협력에 시사하는 바가 크다.

서울 동대문구는 서울 대표 전통시장 중 하나인 경동시장에 '&라운지 작은도서관'을 만들어 운영에 들어갔다고 12일 밝혔다. '우리마을 작은도서관' 사업으로 조성한 이 도서관은 경동시장 신관 2층 공간을 활용해 조성했나. 경동시장이 공간 제공과 도서권 구성을 담당했고, 구에서는 도서관 운영을 한다. 운영시간은 오전 9시부터 오후 6시까지지만 개방형 공간이기 때문에 그 외의 시간에도 책을 읽거나 학습 공간으로 이용할 수 있다. '&라운지 작은도서관'에서는 고려대·경희대 등 인근 대학생들이 재능을 기부해 영어 교육 상담, 영어 프레젠테이션 교육 등의 프로그램도 운영할 계획이다. 구는 또 어린이와 학생을 대상으로 다양한 학습의 장이 있는 공간으로 만들 방침이다.
　　　　　　　　　　　　　　　　　　　- 문화일보, 2018.4.12. "독서로 활력을…
　　　　　　　　　　　　　　　　　　　　　경동시장에 '작은도서관' 조성"

종교단체도 행복주택의 지역사회권 형성에 일정 부분 기여할 수 있어야 한다. 설문조사에서 확인하였듯이 종교를 가지고 있는 사람이 지역사회권 형성권 정도가 높고 인근에서 계속 살아갈 의향이 높다는 점은 종교단체가 지역사회권 형성에 중요한 역할을 할 수 있음을 보여준다.

종합복지관, 노인복지관 등 공공시설과의 연계도 지역사회권 형성에 중요한 요소이다. 심층면접에서 신혼부부들은 인근에 있는 ○○종합사회복지관의 강좌에서 단지

주민들 간에 만남과 교류가 있었다면서 자신들도 그곳에서 그렇게 많은 주민들을 만날 수 있을 거라고는 생각하지 못했다고 했다. 주민들이 그렇게 만날 수 있었던 계기는 처음으로 게시판에 복지관의 강좌 안내지가 붙어 있었기 때문이다. 또한 ○○구다문화센터에서 행복주택의 스터디룸을 빌려 한국어 강좌를 하는 예는 공공시설이 서로 활용될 수 있음을 보여준다.

이러한 지역사회의 다양한 시설 및 단체와의 인적·물적 프로그램의 연계는 행복주택이 주거취약계층이 거주하는 고립된 도심의 섬으로 전락하는 것을 방지하고, 지역사회권 형성의 중심지로 도약할 수 있는 발판이 될 것이다.

4. 프로그램자원의 활용을 통한 형성방안

프로그램자원은 앞에서 살펴본 인적자원, 공간자원, 입지자원을 상호 연결해 주어 지역사회권 형성의 시너지 효과를 생산할 수 있는 자원이라는 점에 의의가 있다. 아래에서는 이러한 프로그램자원의 구체적 활용방안을 살펴보도록 하겠다.

(1) 행사 프로그램: 만남·교류의 기회 제공

지역사회권의 시작은 주민 간의 어색함을 친근함으로 변환하는 데 있다. 한 행복주택단지 주민들에게 2017년에 있었던 다양한 행사(예: '집들이합니다', '라면 먹고 갈래?' 등)에 참여한 경험이 있다면 행사 참여 후 거주 만족도, 이웃에 대한 관심, 이웃 간 교류 등에서 어떠한 변화가 있었는지 기술해 달라는 개방형 질문을 했다. 이에 대해 주민들은 '만났을 때 낯설지 않았다', '친해지는 계기가 되었다', '인간관계가 확장되었다', '이웃 간 교류가 증대되었으며, 임차인대표회의, 동아리, 도서관 등 활동에 관심이 증대되었다' 등 긍정적 반응을 보였다. 심층면접에서도 사회초년생들은 행사를 통해 많은 사람들을 알게 되었다고 했으며, 도서관장을 맡고 있는 사회초년생은 작은도서관의 자원봉사자들도 행사에서 알게 된 사람들이라면서 상당히 긍정적인 평가를 내렸다. 또한 심층면접에서 신혼부부들이 했던 아래의 말은 이를 뒷받침하고 있다.

"행복주택단지에 누가 사는지 잘 모릅니다. 너무 정적이어서 말을 거는 것이 이상할 정도죠. 옆집에 살고 있던 신혼부부와 음식을 나누어 먹기도 했는데 이사를 나간 후에는 할머니 두 분 정도와 인사를 나누는 것이 전부예요. 주민들과 만날 수 있는 프로그램이 있었으면 좋겠어요."

"인근에 있는 ○○사회복지관의 요리(Cooking) 강좌에 아내가 참여한 적이 있습니다. 오히려 거기에서 행복주택 주민들을 많이 만났다고 하더라고요. 누군가 판만 깔아주면 많이 모일 수 있을 것 같습니다."

위의 행사에서 코디네이터의 역할에 주목할 필요가 있다. 행사의 기획부터 운영까지 코디네이터가 주민대표들과 상의해 가면서 행사를 진행하였다. 행복주택 단지별로 전담하는 코디네이터를 두는 것은 인력 및 예산 운영상 쉽지 않을 것이므로 순회사서의 아이디어를 응용해 단지 몇 개를 묶어 코디네이터가 순회하면서 행사 등을 기획한다면 지역사회권 형성에도 상당히 도움이 될 것으로 보인다. 특히 ○○마을공동체 대표는 행사 자체도 중요하겠지만 행사를 만들어가는 과정에서 공동체 형성이 되어가는 것을 느꼈다고 말했다. 라면은 누가 조금 더 찬조하고, 버너는 내가 준비하고, 국자와 그릇은 또 누가 준비하는 등 서로 조금씩 힘을 모아 행사를 해냈다는 것이 중요하다고 말했다. 공공이 행사의 준비부터 진행 그리고 결산까지 도맡아서 하는 것은 일회성·전시성 행사에 그칠 가능성이 높다. 모든 과정에 지역주민의 자발적 참여를 유도해야 한다. 배는 공공 부문이 준비하더라도 노는 주민들이 저어야 한다.

◆ 선보 생각: 시작은 미약하였으나…

○○마을공동체 대표의 말에 따르면 ○○마을공동체는 소규모 청소 모임에서 시작되었다고 한다. 주말 아침 청소를 같이 할 사람이 있느냐는 안내문, 이 뜬금없는 안내문을 보고 주민들이 모여 휴지를 줍기 시작한 것이 ○○마을공동체의 시작이라는 것이다. 설문조사에서도 주말 아침 행복주택 주변 지역을 청소하자는 제안을 받으면 참여할 의사가 있는가라는 물음에 대해서 비교적 높은 수준의 참여의사를 확인할 수 있었다. 심층면접에서도 역시 이러한 제안이 있다면 적극적으로 참여할 의사가 있다고 했다.

○○마을공동체의 사례에서 보듯이 행사를 위해 반드시 예산이 필요한 것은 아니다. 일주일에 한 번 모여 행복주택단지의 주변을 청소하는 행사, 중고품의 거래를 위한 가라지 세일(garage sale) 등 장터의 마련을 통해 자연스럽게 만남의 기회를 제공하는 행사는 큰 예산 없이 주민 간 교류의 첫걸음이 될 수 있을 것이다. 크고 거창한 행사 한 번보다 작고 알찬 행사 여러 번이 낫다. 자주 보면 친해지기 마련이다. 주민공동시설이나 지역편의시설을 이용하지 않는 이유 중 상당수가 만남 자체의 낯섦 때문이라는 점을 볼 때 행사를 통한 교류, 만남의 기회 제공은 분명 지역사회권 형성에 도움이 될 것이다.

(2) 플랫폼 프로그램: 연결고리의 제공

입주민을 연결해 주는 프로그램이 없다면 입주민들은 행복주택에 거주하는 내내 남남으로 지내야 할 것이다.

또한 공간이 프로그램을 담아내지 못하면 공간은 그저 공간을 차지하고 있는 빈 공간에 불과하게 된다. 다양한 프로그램이 공간과 공간, 사람과 공간, 사람과 사람을 연결해 주어야 한다. 심층면접에서 신혼부부이자 대학생인 입주민은 과외를 하고 싶어도 소개시켜 주는 사람이 없고, 스터디룸 등 공용시설을 활용할 수도 없어 과외를 하기가 쉽지 않다고 말했다. 연결의 의미를 알아보기 위해 야마모토 리켄의 생활편의시설에 관한 제안을 살펴보자.

> 지역사회에서 일하고 싶어 하는 생활서포터(주민아르바이트)는 생활편의시설에 속해 있는 24시간생활스테이션을 방문한다. 24시간생활스테이션에서 일하는 서포트리더는 일하고 싶은 사람, 일을 맡기고 싶은 사람들의 상담창구로서 주민들을 간병매니저, 보육매니저, 환경매니저, 임대매니저 등과 연결해 준다. 주민들은 서포트리더를 통해 자신에게 맞는 아르바이트를 소개받고 각 매니저와 연계해 일한다. 구체적인 예로 가사대행, 아이돌보기, 간병보조, 동행보조, 생활상담, 어린이 학습보조, 생활용품관리, 공공 부문의 환경정리 등이 있다.[58]

지역편의시설을 24시간 생활스테이션처럼 플랫폼으로 운영해 보는 것도 아이디어가 될 것이다. 여기서 중요한 것은 누군가 서비스를 제공하려는 사람과 서비스를 제공받으려는 사람을 연결해 주어야 한다는 점이다. 공공의 전문가가 상주하면서 연결해 준다면 좋겠지만 인력의 운영상, 예산상 쉽지 않다면 인터넷이라는 가상공간을 플랫폼으로 활용할 수도 있다.

이러한 시도가 더 의미 있는 것은 고령화의 영향으로 급증하고 있는 사회복지 관련 부담을 국민의 조세부담으로 전가하거나 서비스를 축소하는 방식이 아니라 지역사회 내에서 서로가 서로를 돕는 시스템을 통해 해결한다는 점이다. 방문간병의 예를 통해 이를 살펴보자. 방문간병은 생활지원(청소, 세탁, 침대청소, 의류정리, 의류수선, 일반적인 조리, 식사준비 및 제공, 쇼핑, 약 전달 등)과 신체간병(배설·식사보조, 때밀이, 목욕, 미용, 체위변환·체질개선, 이동보조, 외출보조, 기상·취침보조, 약물복용보조, 자립지원보조 등)의 두 가지 유형으로 나눌 수 있다. 이 중 생활지원 부분을 생활서포터(지역주민)가 담당함으로써 복지비용을 줄일 수 있고 전문가의 부담 역시 줄일 수 있다.[59]

미국의 경우를 보면 고령자주택 서비스 코디네이터의 주된 역할은 고령자들이 시설로 가지 않고 가능한 오랫동안 독립적인 삶을 살도록 하는 것이다. 고령자를 시설로 내몰아서는 안 된다. 최대한 시설로 가는 기간을 줄이고 시설에 있는 기간을 줄여야 한다. 이를 통해 고령자의 삶의 만족도를 높이고 공공비용의 부담도 덜어야 한다. 행복주택을 포함한 대부분의 주택단지의 경우 거동이 불편한 고령가구가 증가하게 될 것이다. 상부상조 시스템의 구축은 이러한 환경 변화에 능동적이고 선제적으로 대응하는 중요한 수단이 될 것이다.

(3) 장소성 강화 프로그램: 흔적을 간직한 공간

공간의 활용은 단순히 일시적인 것이 아니라 장소성을 강화하는 방향으로 운영되어야 한다. 공간을 활용한 사람이 흔적을 남길 수 있는 공간의 중요성을 아래의 글을 통해 확인해 보자.

> 자신의 재능기부 흔적이 도서관 공간에 지속적으로 남아 있다는 것은 그 당시 희생이 자긍심으로 바뀌는 계기가 된다. D 아파트는 임대와 분양 혼합단지로서 임대의 경우는 언젠가 이사를 해야 한다. 이사라는 것은 마을공동체와 물리적으로 떨어지는 것이며, 책울터공동체에서 이탈된다는 것을 의미한다. 하지만 도서관 공간에 남긴 흔적은 도서관이 지속되는 한 사라지지 않는다. 내가 땀 흘려 노력한 흔적은 공간에 스며들고, 그 사람에게 자부심과 자긍심으로 기억된다.
> "제가 여기 계속 살지 안 살지 모르지만 나름 조그만 재능으로나마 흔적을 남기고 가면 도서관이 없어지지 않는 한 영원히 있을 거잖아요. 그런 생각을 하면 뿌듯하죠."(○○○ 책울터도서관 시설팀 팀장)[60]

작은도서관을 운영하고 있는 사회초년생은 심층면접에

서 작은도서관을 시작하게 된 계기는 관심이 있는 사람들이 모여 한번 도서관을 열어나 보자는 것이었지만 운영을 하면서 책임감이 생겨났다고 했다. 누군가에게 책임감이 생길 수 있도록 하는 것이 중요하다. 작은도서관의 책들은 어쩌면 부수적인 것이다. 보다 중요한 것은 작은도서관이라는 공간에 쌓어가는 흔적과 추억일 수 있다.

행복주택의 입주자 중 젊은 층은 오래 거주하지는 못할 것이다. 지역사회권 형성에 젊은 층을 끌어들이기 위해서는 그들이 지나간 자리임을 알려주는, 기억할 수 있는, 추억할 수 있는 장소를 만들어 주어야 한다. 젊은 층이 가지고 있는 재능을 공간에 새겨 줌으로써 시간이라는 제약을 극복할 수 있어야 한다. 공간은 교류와 교재를 위한 장이며 이를 통해 공간은 의미를 부여받게 되고 공간의 장소성이 형성된다. 행복주택의 젊은 층이 지역사회권의 전도사가 되어 행복주택을 나갈 수 있도록 행복주택의 장소성을 강화해야 한다.

◆ 선보 생각: 장소성의 참뜻

장소성이란 사람으로 말하면 개성이다. 그 사람만이 가지고 있는 독특한 특성처럼, 그 장소만이 가지고 있는 독특한 특성이 장소성이다. 그 사람 하면 생각나는 것처럼, 그 장소 하면 생각나는 것이 장소성이다. 공간은 장소성을 얻을 때 생명을 얻어 창발할 수 있는 것이다. 사람으로 태어나 사람답게 살고자 한다면 장소성 있는 나만의 공간 하나쯤은 갖고 있어야 한다. 내가 상처받았을 때 위로받을 수 있는 장소, 주택정책은 공간에 장소성이라는 생명을 불어넣는 학문이다.

4부

나가며:
주택정책이 가야 할 길

생가

인병선

우리의 만남을
헛되이
흘려버리고 싶지 않다
있었던 일을
늘 있는 일로 하고 싶은 마음이
당신과 내가 처음 맺어진
이 자리를 새삼 꾸미는 뜻이라

우리는 살고 가는 것이 아니라
언제까지나
살며 있는 것이다

고독사가 심심치 않게 전해지고 있지만 세상은 그리 놀라지 않고 있다. 그저 담담하다. 과연 주택정책은 그동안 무엇을 하고 있었는지 자문해 보지 않을 수 없다. 경제정책의 심부름꾼으로 경기변동의 최전선에서 이리 치이고 저리 치이면서 온몸에 멍투성이인 주택정책이 이제는 자기 자리를 찾아야 한다. 옆집에 누가 사는지, 누가 언제 죽었는지도 모르는 단절의 공간이 되어버린 주택을 이웃 간에 도움을 주고 도움을 받는 상부상조의 공간으로 만들어야 한다.

앞으로 고령인구와 1·2인가구의 급증은 피할 수 없는 현실이 될 것이고 누군가 무거운 짐을 짊어져야 할 것이다. 국가는 부담스러워 손을 놓으려 하고, 가족은 해체되어 흩어지고 있다. 이런 환경변화 속에서 우리가 찾을 수 있는 대안은 이웃이다. 주택정책의 최우선 과제는 이웃과의 신뢰할 수 있는 사회적·경제적 관계망을 통한 지역공동체 형성이 되어야 한다. 아래에서는 지역사회권의 가치와 의미를 주택정책의 시각에서 재조명해 봄으로써 주택정책이 가야 할 길을 제시해 보고자 한다.

첫째, 인간은 양면적이고 모순적이다. 혼자 있고 싶은 마음과 타인과 같이 있고 싶은 마음, 사생활 보호의 욕구(가리고 싶은 욕구)와 타인과의 교류 욕구(보여주고 싶은 욕구), 집단에서 벗어나고 싶은 마음과 집단에 소속되고 싶은 마음을 동시에 가지고 있다. 주택정책의 주안점은 인간의 양면적이고 모순적인 성향에서 전자가 후자를 압도하지 못하도록 후자에 힘을 실어주기 위해 인적자원, 공간자원, 입지자원 등 주택단지의 특성을 활용하여 지역사회권을 형성해 나가는 것이 되어야 한다.

둘째, 주택정책은 공공임대주택의 건설·유지 및 관리를 위한 예산 및 부지 등 한정된 자원을 다양한 공공임대주택 간에 어떻게 배분할 것인가의 문제에 직면해 있다. 우리나라는 다양한 공공임대주택의 유형을 가지고 있지만 정권마다 추구하는 지향점에 따라 개별 공공임대주택이 생멸을 반복하고 있다. 공공임대주택의 절대적 공급부족에서 어느 정도 벗어난 현재 공공임대주택에 대한 자원배분 기준은 지역사회권 형성에 대한 기여도가 되어야 한다. 지역사회권의 형성도가 높은 공공임대주택의 유형을 집중적으로 공급함으로써 공공임대주택이 지역공동체 형성의 메카가 될 수 있도록 해야 한다.

셋째, 우리나라의 공공임대주택은 세대특화 단지와 세대혼합 단지 간의 기로에 서 있다. 세대특화 단지는 청년은 청년끼리, 신혼부부는 신혼부부끼리, 대학생은 대학생끼리, 고령자는 고령자끼리 그들만의 단지를 만들어주는 방식이다. 젊은 층 또는 고령자의 주택문제를 해당 세대별 주택건설을 통해 해결하려는 동질성 강화의 방식은 결국 세대 간의 갈등을 유발하고 지역공동체 형성을 방해할 것이다. 지역사회권의 안정적이고 지속적인 형성을 위해서는 세대혼합이라는 이질성이 가저다주는 장점을 극대화할 수 있어야 한다. 무엇보다 이질성을 일자리를 창출하는 기반으로 만들어야 한다. 한 세대가 다른 세대의 일자리를 빼앗는 제 살 깎기가 아니라 서로의 빈 곳을 메워주는 지역사회권 일자리를 통해 세대 간 공존 공생을 이루어야 한다.

넷째, 지역사회권은 분명 공용공간을 필요로 한다. 하지만 공용공간만으로 지역사회권이 형성되는 것은 아니다. 즉 공용공간은 지역사회권의 필요조건이지 충분조건은 아니다. 공용공간이 사람과 사람의 관계를 만드는 실마리를 마련하는 만남과 교류의 공간이 되도록 주택단지의 물리적 설계부터 관리운영의 프로그램에 이르기까지 세심한 배려를 해야 한다. 또한 지역사회권이 반드시 새로운 주택건설을 전제로 하는 것은 아니다. 공공 부문이 노후화된 지역의 빈집을 사들여 주민들의 만남과 교류의 플랫폼으로서 지역편의시설을 제공한다면 지역사회권 형성의 계기를 만들 수 있을 것이다.

다섯째, 임대계약기간 만료나 입주자격 변화 등의 이유로 공공임대주택 등 자신이 살던 주택에서 나가야 하는 경우에도 인근에서 계속 거주하는 비율을 높여야 한다. 자신이 살던 집을 떠나는 것이 곧 지역을 벗어나는 것을 의미하지 않도록 해야 한다. 동일한 지역에서의 거주 지속성은 지역에 대한 관심도를 높이고 지역의 장소성을 강화하여 지역사회권 형성도를 제고할 것이며, 지역사회권의 범위를 자연스럽게 확대할 것이다.

◆ 선보 생각: 행복을 주고받는 집

지역사회권에 관한 글을 책으로 엮으면서 문득문득 드는 의문이 있다. 우리가 지역사회권에서 생활한다면 나에게 어떤 변화가 있을까? 나에게 생긴 변화가 모여 우리에겐 어떤 변화가 있을까? 만약 단독주택을 구입해서 1층은 동네 사람들에게 개방하는 작은도서관, 2층부터 5층은 사회초년생, 대학생, 신혼부부, 고령자 등이 공유하는 셰어하우스로 만든다면 지역사회권을 구현할 수 있지 않을까?

지역사회권은 상상을 자극하는 힘이 있는 단어다. 지역사회권이 꾸며주면 꾸밈을 받는 단어들에서는 어떤 변화가 생긴다. 지역사회권 일자리, 지역사회권 구조, 지역사회권 다리, 지역사회권 마당, 지역사회권 주차장 등등 무엇인가 달라진다. 그 달라진 모습이 '행복을 주고받는 집'이 아닐까 생각해 본다.

책을 마치며: 감사 그리고 다짐

LH강남3단지와 행복주택에서 만난 분들에게 진심으로 감사의 마음을 전한다.

박사학위논문을 마무리 짓기 위해 성급하게 다가가 다짜고짜 묻는 나에게

차분하게 그리고 성실하게 답해 주셨다.

책을 쓰면서 그분들의 음성을 다시 들었다.

나의 질문들이 너무나 황당한 것은 아니었을까? 너무나 잔인한 것은 아니었을까?

하루하루의 삶이 쉽지만은 않으셨을 분들에게

지역공동체니,

어디서 듣지도 못한 지역사회권을 물었던 것이….

죄송스러운 마음을 금할 길이 없다.

나의 욕심으로 혹시나 상처를 받지 않으셨을까 걱정이

된다.

  이 모든 불편함,
  내가 주택정책을 공부함에 있어 잊지 않으리라 다짐하
면서 글을 마친다.

  이 책을 선하디선한 그분들께 바친다.

참고 문헌

1) 곽도, 2007, "주민중심형 아파트 공동체 활성화 방안 연구: 아파트입주자 대표회의를 중심으로", 중앙대학교 대학원, 박사학위논문, 10쪽.

2) 황익주 외, 2016, "한국의 도시 지역공동체는 어떻게 형성되는가", 서울대학교 사회과학연구원 사회과학연구총서, 33쪽.

3) 공동체 개념에 대한 다양한 정의는 이나영, 2009, "공동주택 단지의 공동체의식과 외부 공간구성", 전남대학교 대학원, 박사학위논문, 13-16쪽 참조.

4) 황선영 외, 2017, "도시 지역공동체 활성화 과정에서 지역사회 주민조직의 역할—아파트 공동체 입주자대표회의의 사례를 중심으로—", 한국지방자치학회보, 제29권 제2호(통권 98호).

5) 송준호, 2014, "도시형 노인복지주택의 커뮤니티연계 계획에 관한 연구", 대한건축학회 논문집, 제30권 제9호, 36쪽.

6) 이경희, 2005, "지역사회 공동체 활성화 방안에 관한 연구", 생활과학논집, 제21집, 중앙대학교 생활문화산업연구소, 67쪽.

7) 미래의 정보통신 기술의 발달이 커뮤니티에 어떠한 영향을 미칠지에 대한 논의가 있어왔다. 하나는 장소를 중심으로 하는 커뮤니티의 성격이 희박해지고 물리적 거리를 초월하는 상황에서의 커뮤니티가 활발해질 것이라는 주장이다. 다른 하나는 정보통신 기술의 발달로 오히려 이웃과 장소에 더욱 의존하는 경향이 강해질 것이라는 주장이다. 사회의 공간적 유동성이 증대될수록 인간의 주거에 대한 애착은 더욱 증대된다는 것이다(손세관, 2002, "역사 속의 커뮤니티, 미래의 커뮤니티", 한국주거학회 학술발표 논문집, 10-11쪽).

8) 황선영 외, 2017, 위의 논문, 33쪽.

9) 황익주 외, 2016, 위의 책, 20-25쪽.

10) 황선영 외, 2017, 위의 논문, 35쪽.

11) 황선영 외, 2017, 위의 논문, 34-35쪽.

12) 김현호, 2017, "지역발전을 위한 지역공동체 활성화", 지방행정, 행정공제회, 통권 759호.

13) 박다솔, 2016, "공공임대주택에서 공동체 활성화 가능성 탐구—야마모토 리켄의 LH강남3단지를 중심으로—", 서울대학교 대학원, 석사학위논문, 28쪽.

14) 야마모토 리켄 외, 2014, "마음을 연결하는 집: 더불어 사는 공동체, 지역사회권", 안그라픽스, "추천하며, 다시 마을을 짓다: 집과 삶을 바꾸는 지역사회권"(조한혜정).

15) 야마모토 리켄 외, 2014, 위의 책, 58쪽.

16) 노년층 부양비 상승이 의미하는 것에 대해서는 George Magnus, 홍지수 번역, "고령화 시대의 경제학(The Age of Aging)", 부키, 71-83쪽 참조.

17) 사회보장위원회, 2019, "제3차 중장기 사회보장 재정추계."

18) 사회보장위원회, 2019, "제3차 중장기 사회보장 재정추계."

19) 김민창, 2017, "우리나라 잠재성장률 추이와 시사점", 지표로 보는 이슈, 국회입법조사처.

20) 김도완 외, 2017, "우리 경제의 잠재성장률 추정", 한국은행.

21) 김경동, 1990, 현대의 사회학, 박영사, 302-305쪽.

22) 야마모토 리켄 외, 2014, 앞의 책, 29쪽.

23) 박다솔, 2016, 앞의 논문, 33쪽.

24) 야마모토 리켄 외, 2014, 위의 책, 70쪽.

25) 박다솔, 2016, 위의 논문, 33쪽.

26) 야마모토 리켄 외, 2014, 위의 책, 66쪽.

27) 야마모토 리켄 외, 2014, 위의 책, 72-73쪽.

28) 야마모토 리켄 외, 2014, 위의 책, 68-69쪽.

29) 박다솔, 2016, 위의 논문, 81-82쪽.

30) 박다솔, 2016, 위의 논문, 83-84쪽.

31) 박다솔, 2016, 위의 논문, 84-85쪽.

32) 박다솔, 2016, 위의 논문, 85-86쪽.

33) 박다솔, 2016, 위의 논문, 89-90쪽.

34) 박다솔, 2016, 위의 논문, 84쪽.

35) 박다솔, 2016, 위의 논문, 87쪽.

36) 박다솔, 2016, 위의 논문, 93쪽.

37) 행복주택의 유형은 일반형과 산업단지형으로 나뉜다. 산업단지형의 경우 산업단지 근로자·대학생·청년·신혼부부·한부모가족이 90%, 고령자 10%로 구성된다. 이 책에서는 일반형을 중심으로 다루기로 한다.

38) 행복주택에 관한 정의 그리고 입주자에 관한 이러한 차이는 어디에서 기인하는 것일까? 서두름일까? 의도적일까? 모르는 것일까? 누구도 문제제기를 하지 않지만, 선보의 생각에 이러한 불일치는 상당히 큰 문제다. 상위 법령의 내용이 하위 법령에서 은근슬쩍 확대되어 있는 것은 법체계적으로 맞지 않으며 현실적으로 정책의 예측 가능성을 낮출 수 있다고 하겠다.

39) 행복주택은 세대와 계층의 혼합을 특징으로 하고 있지만 이 책에서는 세대혼합에 보다 더 강조점을 두고자 한다. 소득기준에 약간의 차이가 있기는 하지만 행복주택 입주자들은 넓은 범위의 주거취약계층에 속한다고 볼 수 있기 때문이다.

40) 최은희 외, 2012, "장기임대주택 통합 방향 연구", 토지주택연구원, 3쪽.

41) 최민아 외, 2014, "지역 커뮤니티시설 도입을 통한 행복주택사업 활성화 방안", 토지주택연구원, 19쪽.

42) 최민아 외, 2014, 위의 논문, 10쪽.

43) 스마트성장 정책의 의의 및 등장배경, 찬반논쟁에 대해서는 최은희, 2012, "미국의 스마트 성장정책에 관한 연구", 도시행정학보, 한국도시행정학회, 129-160쪽과 Randdal O'Toole, 2007, "Debunking Portland The City That Doesn't work", Cato Institute Policy Analysis 참조.

44) 스마트성장 정책의 행복주택의 응용에 관해서는 유상조, 2016, "행복주택의 지속가능성 제고 방안에 관한 연구—스마트성장 정책의 관점을 중심으로—" 감정평가학 논집, 제15권 제2호 참조.

45) 오동훈, 2004, "젠트리피케이션 사례 비교·조사를 통한 실현가능한 도시재활성화 정책 방향 모색(I)—역사보존지구를 중심으로—", 부동산학연구, 제11집 제1호, 51쪽.

46) 주택정책의 일반적 개념과 범위에 대해서는 Brian Lund, 2011, "Understanding Housing Policy", second edition, The Policy Press and the Social Policy Association, 1-2쪽 참조.

47) KBS 명견만리 제작팀, 명견만리(인구, 경제, 북한, 의료 편), 인플루엔셜, 79쪽.

48) 「공공주택특별법」 제50조, 「민간임대주택에 관한 특별법」 제52조 및 동법 시행령 제42조 참조.

49) 최정신 외, 2017, 코하우징 공동체, 어문학사, 107-108쪽.

50) 동대표들 간의 의견 차이가 발생하면 토론을 통해 서로를 설득하고 전원 찬성할 때까지 의결을 연기하는 입주자대표회의의 만장일치제 방식의 운영에 대하여는 황선영 외, 2017년, 앞의 논문, 53쪽 참조.

51) 사회적자본에 대한 자세한 내용은 황익주 외, 2016, "한국의 도시 지역공동체는 어떻게 형성되는가", 서울대학교출판문화원, 148-158쪽 참조.

52) 서울 서초구가 시행하고 있는 스마트폰 어플리케이션으로 공유하는 '모두의 주차장' 사업은 주차장 공유 운영방식은 좋은 사례가 될 수 있다(매일경제, 2018.5.1. "서울시, '거주자우선주차장' 공유로 주차난 해결 도전").

53) 지역주민의 자발적 재원확보의 필요성에 대해서는 여관현, 2015, "주거환경관리사업에서 공동체의식 형성에 관한 연구", 전자자료, 서울도시연구, 제16권 제1호, 서울연구원, 24쪽 참조.

54) KAIST 문술미래전략대학원, KCERN, "대한민국의 4차 산업혁명", (사)창조경제연구회, 213-214쪽.

55) 아파트 사이버공동체의 구축 가능성에 대해서는 이종수 외, 2008, "한국사회와 공동체", 연세대학교 도시문제연구소 연구총서 2008-1, 다산, 255-259쪽 참조.

56) 가상공간에서 만들어진 공동체의 자기조절능력을 통한 신뢰 형성의 가능성에 대해서는 Steven Johnson, 김한영 번역, 2004, 미래와 진화의 열쇠 이머전스, 김영사, 176-181쪽 참조.

57) 유상조, 2016, 앞의 논문, 105-106쪽.

58) 야마모토 리켄 외, 2014, 앞의 책, 67쪽.

59) 야마모토 리켄 외, 2014, 위의 책, 67쪽.

60) 이윤진 외 2인, 2016, "도시 공동주택 기반 주민 공동체 학습과정 사례연구", 평생학습사회, 제12권 제1호, 214쪽.

유상조

1970년에 태어나 고려대학교 정치외교학과를 졸업한 후 입법고시를 합격하여 입법부 관료로서 일하기 시작한 것이 1995년이고, 서울시립대학교에서 도시행정학으로 박사학위를 받은 것은 2018년이니 인생은 막 지천명에 들어섰고, 관료로는 고참이지만 학자로는 신참이다.

주택이 단순히 사람들이 꾸역꾸역 들어가서 잠을 자고 나오는 공간이 아니기를 바라는 실용 중심의 이상주의자이자, 우리 사회가 젊어지고 있는 저출산·고령화 등 거대 담론의 해결 실마리를 주택에서 찾아내려고 하는 주택 중심의 통섭주의자이다.

저서로는 미국 여행기 『첫발자국』, 인문학 강의 『늦은 불혹의 다럿돌』 등이 있다. 두 녀석은 책상의 좌우에서 글쓰기라는 고된 작업에서 손을 못 떼고 있는 저자에게 무언(無言)의 힘찬 응원을 보내주고 있다.

주택정책을 전공으로 선택한 후 지적으로 더욱 행복한 삶을 살아가고 있으며, 현재 국회 국토교통위원회 전문위원을 거쳐 국회의정연수원장으로 재직 중이며 (사)한국주택학회 이사를 겸직하고 있다.

행복을 주고받는 집

초판인쇄 2021년 7월 2일
초판발행 2021년 7월 2일

지은이 유상조
펴낸이 채종준
펴낸곳 한국학술정보㈜
주소 경기도 파주시 회동길 230(문발동)
전화 031) 908-3181(대표)
팩스 031) 908-3189
홈페이지 http://ebook.kstudy.com
전자우편 출판사업부 publish@kstudy.com
등록 제일산-115호(2000. 6. 19)

ISBN 979-11-6603-455-8 03330